AF501918

DIX JOURS A LONDRES

PENDANT

LE VOYAGE DE HENRI DE FRANCE.

IMPRIMERIE D'ÉDOUARD PROUX ET Cᵉ,
RUE NEUVE-DES-BONS-ENFANS, 3.

DIX JOURS A LONDRES

PENDANT LE

VOYAGE DE HENRI DE FRANCE,

POUR SERVIR D'INTRODUCTION

A LA DEUXIÈME ÉDITION

DE

L'APPEL AUX ROYALISTES

CONTRE LA DIVISION DES OPINIONS.

PAR

M. ALFRED NETTEMENT.

Paris.

CHEZ DENTU, LIBRAIRE, AU PALAIS-ROYAL,

GALERIE D'ORLÉANS, 13.

1844.

DIX JOURS A LONDRES

PENDANT LE

VOYAGE DE HENRI DE FRANCE,

Pour servir d'introduction à la deuxième édition

DE

L'APPEL AUX ROYALISTES

CONTRE LA DIVISION DES OPINIONS.

Ce n'est point le voyage de Henri de France en Angleterre que je veux ici raconter ; un homme que je respecte et que j'aime (1), s'occupe de cette mission qui va si bien à sa fidélité éprouvée et à son talent de narrateur tour à tour si aimable et si touchant : à celui qui fut plusieurs fois l'historiographe des Bourbons au temps de leurs prospérités, il appartenait naturellement d'être l'historiographe des seules belles journées peut-être qu'HENRI DE FRANCE ait passées depuis son exil. Ce n'est pas même mon propre voyage que j'entends écrire. A parler vrai, je n'ai pas voyagé ; je n'ai jamais moins quitté la France que pendant cette course rapide, si rapide qu'elle me fait quelquefois l'effet d'un songe. Je suppose que Londres ressemble toujours à la ville immense et brumeuse que j'habitai, il y a environ six ans ; mais je ne puis l'assurer, car je n'ai pas vu Londres. Jamais je ne songeai moins à l'Angleterre qu'en Angleterre ; et je ne me souviens pas d'avoir moins parlé

(1) M. le vicomte Walsh père.

et entendu moins parler des affaires de la Grande-Bretagne, que pendant ces dix jours passés sur son sol. C'est au point que la grande figure d'O'Connell ne m'est pas même apparue. Pendant ces dix jours, je n'ai vu, entendu, étudié qu'une chose, celle pour laquelle j'étais venu. HENRI DE FRANCE et la France ont eu toutes mes pensées, toute mon attention et tous mes instans. Ce que je veux redire, ce sont mes impressions pendant ces dix jours. J'expliquerai ensuite comment ce récit sert de préface à la seconde édition de l'*Appel aux royalistes contre la division des opinions*.

En arrivant à Londres, j'allai, avec mes compagnons de route, à Belgrave-Square. C'était là le rendez-vous universel, la capitale de cette population française qui avait un moment dressé ses tentes au milieu de la ville de Londres. J'ai expliqué ailleurs la situation d'esprit et de cœur où je me trouvais, comme tant d'autres probablement, dans ce moment solennel; avide de voir et inquiet de ce que j'allais voir, je désirais et je redoutais tout à la fois une épreuve qui devait être décisive. Nous étions, dans un premier salon, fort nombreux, tous Français, un peu bruyans comme les Français, les nouveaux venus cherchant à prendre langue, quand la porte du salon s'ouvrit et l'on vit paraître sur le seuil cet HENRI DE FRANCE que nous étions tous venus chercher, quelques uns du fond des provinces les plus éloignées; car ce mot magique : « HENRI DE FRANCE *est à Londres*, » avait rempli en un instant tout le royaume, et, comme l'étincelle électrique, avait couru d'un bout à l'autre de l'horizon.

Il se fit dans cet instant un silence profond. Nos regards dévoraient le jeune et dernier rejeton du sang de Louis XIV que nous avions sous les yeux. Nous aurions voulu pouvoir lire dans son cœur et dans son esprit, pour y découvrir, avant même de l'avoir entendu parler, ces trésors d'amour pour la France, ces idées nobles, praticables et élevées qui donnent au prince une grandeur morale bien supérieure à toutes les grandeurs matérielles. Nous étions arrivés trop tard pour assister à la magnifique scène qui s'était passée chez M. de Châteaubriand, quand le petit-fils des rois très chrétiens, s'appuyant sur l'auteur du *Génie du Christianisme*, le descendant de Louis-le-Gros qui donna le signal de l'émancipation des communes, s'appuyant sur l'homme de la liberté, avait offert un beau symbole dont tous les esprits demeurèrent frappés. Mais nous l'envisagions à la lumière de cette scène dont on venait de nous redire l'ensemble et les détails, et nous échangions, à voix basse, nos remarques : ceux-ci sur le front noble et plein de sérénité du prince ; ceux-là sur l'éclat doux et vif de ses yeux, qui regardent d'une manière si ferme et soutiennent si bien le regard ; quelques uns cherchaient à évaluer sa taille, et échouaient, comme nous le vîmes plus tard, dans leur calcul. Mais tous, pendant cet examen, par lequel nous essayions de nous distraire de nos appréhensions intérieures, nous étions préoccupés d'une pensée secrète que nous nous confiâmes plus tard. Il y avait encore plus d'anxiété que d'émotion dans nos âmes. C'était moins des hommages que nous étions venus apporter qu'un mystère que nous étions venus approfondir. Tout homme est un mystère à lui-même et aux autres, jusqu'au moment où, la jeunesse succédant à l'adolescence, les dons que Dieu a mis en lui et ceux qu'il a acquis lui-même par la force de sa volonté, se manifestent aux regards de ses semblables. Dans le prince y avait-il un homme? Grande et terrible question ! Cette question nous faisait peur, surtout à nous qui avions engagé déjà les plus belles années de notre vie dans les luttes ardentes qui dévorent, de nos jours, tant d'intelligences ; ouvriers que l'avenir ne connaîtra pas, et qui, cependant, auront peut-être contribué à élever le monument sous lequel grandira l'avenir, comme ces sculpteurs ignorés de la cathédrale de Cologne, dont la pensée vit encore sur la pierre qu'ils ont taillée, et dont le nom est enseveli dans les abîmes de l'oubli. Quand Dieu veut que les idées perdent leur puissance dans un Etat, à l'époque des grandes crises, il leur refuse un homme ; sans doute il ne faut point, pour cela, abandonner le culte des idées. Un soldat doit toujours mourir à son poste ; mais alors il meurt avec cette tristesse résignée d'un homme qui sait que la bataille est perdue, et qui offre ce qui lui reste de sang à son pays, avec la conviction que son sacrifice est inutile et que son pays ne sera pas sauvé.

Tels eussent été, il faut l'avouer, nos sentimens, si nous avion trouvé Henri de France au dessous de notre attente et des grandeurs de sa race. Elle est passée cette époque où il y avait dans le nom seul des princes et dans leur personne un tel prestige, qu'on les dispensait presque de mériter l'amour qu'on éprouvait pour eux, et que leur seule vue remplissait le cœur d'émotion et tirait des larmes des yeux. A tort ou à raison, notre génération n'est pas ainsi faite ; avant d'aimer le prince, on juge l'homme. Ce contraste de l'ancienne et de la nouvelle France se personnifiait pour ainsi dire sous nos regards. Tandis que nous étions là comme des observateurs attentifs et vigilans, il y avait en face de nous un vieillard vénérable dont le cœur défaillait à la vue du jeune prince dont il avait aimé et servi le père et l'aïeul; ses sanglots éclataient malgré lui; il fallut que madame la duchesse de Levis le fît asseoir, et le prince, traversant rapidement le salon, vint lui-même, avec un touchant empressement, mêler ses soins à ceux qu'on donnait à ce vieux serviteur de sa race : sans doute ses souvenirs attendris s'étaient reportés vers son aïeul. Ce vieillard, c'était l'ancienne France; nous, nous étions la France actuelle, d'un cœur moins tendre sans doute, mais peut-être d'un esprit plus sérieux. Il pleurait d'amour et de joie, et nous voulions entendre, apprécier, juger. Il avait la foi monarchique, noble foi qui produisit jadis tant de merveilles, qui suscita Jeanne d'Arc lorsqu'elle se présenta pour mener sacrer à Reims le gentil dauphin de France; nous, nous n'avions que de la raison monarchique, et notre royalisme n'était au fond qu'un patriotisme intelligent. Mais la raison monarchique a aussi sa force et sa puissance, et l'estime et l'affection, quand elles s'adressent à l'homme, sont plus honorables pour le prince qui ne les a obtenues qu'après les avoir méritées.

Grâce à Dieu, notre raison a trouvé de quoi se satisfaire, comme on le verra par les lettres suivantes où se reflètent les impressions du voyage de Londres. Nous venions pour voir, nous avons vu; pour entendre, nous avons entendu; pour parler, on nous a écoutés. Or, c'était quelque chose de nous écouter. Il y avait à Londres toute une France en miniature. Nous nous étions emparés de la ville que la reine Victoria, avec une parfaite courtoisie, nous avait cédée pour la circonstance, en transportant sa cour nomade de château en château, dînant chez sir Robert Peel, soupant chez le duc de Wellington, faisant retenir ses logemens chez le duc de Northumberland. Il n'y avait qu'un palais à Londres, l'hôtel de Belgrave-Square; Saint-James avait émigré. On assure que la jeune reine avait eu, à l'origine, des intentions bien différentes; mais que voulez-vous? elle a, dit-on, succombé sous une conspiration de Cobourg dont les placets étaient présentés par une main trop chère pour être repoussés. En outre, le gouvernement anglais avait trop d'obligation au cabinet du Palais-Royal pour refuser de le contenter et de lui faire, en mémoire d'O'Connell sacrifié, la politesse de se montrer incivil envers Henri de France, en cas qu'on puisse taxer d'incivilité cette fuite qui mettait fort à leur aise Henri de France et les Français. Grâce, en effet, à l'absence des grandeurs officielles, nous avions le droit de traiter Londres en auberge, et c'est ainsi que nous l'avons traité. Aussi bien toutes les auberges de Londres appartenaient à quelques provinces françaises. Ici la Normandie, là la Picardie, plus loin le Boulonais, à côté la Provence, puis l'Anjou, puis l'Orléanais, puis le Nord, puis le Languedoc, puis la Vendée, puis la Bretagne; je m'arrête, car il faudrait tout citer. Je me souviens d'avoir eu l'honneur de dîner en pleine Bretagne, à l'hôtel de la Sablonière. Il y avait près de soixante-dix convives à table, et la Bretagne, qui aime à avoir ses coudées franches, avait fait abattre deux ou trois cloisons qui gênaient le développement de son banquet. Si le prince avait prolongé son séjour à Londres, la muraille y passait après les cloisons, et la table bretonne allait finir sur le trottoir dans la rue. Il y avait donc à Londres comme un grand jury national, présidé par M. de Châteaubriand, qui certes n'est suspect ni d'engoûment ni d'enthousiasme, et dont la haute intelligence est habituée à mesurer les hommes. C'est une double garantie pour le public, de l'exactitude que ceux qui lui communiquent les impressions qu'ils ont rapportées de Londres sont obligés de mettre dans leurs récits, et par conséquent une caution de la véracité des lettres qu'on va lire. Quel historien, s'il y avait deux mille témoins vivans de chacun des faits de son histoire, voudrait s'exposer à être démenti? La première de ces lettres, écrite de France, exprime l'impression que produisit la nouvelle du voyage de Henri de France en Angleterre. Les trois suivantes, écrites de Londres, reflètent les impressions de ceux qui se trouvaient dans cette ville; la quatrième, écrite, au retour, à Paris, et qui est consacrée à tracer le portrait de Henri de France au moral, à l'intellectuel et au physique, est le résumé de toutes les autres, et donne la conclusion du voyage tout entier.

LETTRE PREMIÈRE.

Aux doctrinaires.

Paris, 25 octobre 1843.

Au moment où Henri de France met le pied sur la terre d'Angleterre, la presse dynastique s'inquiète, s'émeut et cherche à faire prendre le change sur ce voyage, en le choisissant pour texte des plus étranges commentaires. Singulières gens qui répètent tous les jours que la France est pour eux, et qui cependant s'effrayent d'un voyage ! Politiques maladroits qui, trahissant leur véritable pensée par leurs inconséquences et leurs contradictions, affectent de regarder la destinée du petit-fils de Louis XIV comme fermée, et qui cependant suivent curieusement chacun de ses pas, surveillent ses démarches, commentent ses résolutions, lui supposent des projets, et le voient sans cesse, dans leurs songes, frappant du pied la terre du midi ou celle de l'ouest et en faisant jaillir une armée ! Si vous êtes si forts, pourquoi donc ces craintes ? Si vous êtes, comme vous le dites, inébranlablement assis, d'où vient que les pas d'un exilé ne peuvent se poser sur une terre étrangère un peu plus voisine de sa patrie, sans qu'aussitôt vous croyiez que le sol tremble ? Comme vous voilà pâles et soucieux ! Est-ce qu'on aurait signalé une flotte ennemie à l'horizon ? Non, on n'a signalé qu'un simple bateau ; mais ce bateau porte, il est vrai, HENRI DE FRANCE et sa fortune. C'est ce prince que tant d'acclamations saluèrent à son entrée dans la vie ; à qui Châteaubriand et Lamartine, penchés sur son berceau, promirent les destinées de Henri IV ; à qui Bordeaux, la ville fidèle, donna son nom ; que l'armée française tint sur les fonts en priant le dieu des batailles de le faire grandir pour la victoire. Vous demandez ce qu'il va faire en Angleterre, quelle pensée l'y amène, quel but il veut atteindre, ce qu'il prépare ? Nous avons pitié de vos inquiétudes, et nous voulons bien répondre à vos questions.

Ne serait-ce point, avez-vous dit, une descente qu'on médite ? Le prince exilé ne veut-il point tenter quelque chose de pareil à ce que tenta le captif du fort de Ham, ce jeune Louis Bonaparte que vous mettiez dans une geôle en même temps que vous décrétiez l'apothéose des cendres de son oncle Napoléon ; car vous êtes ainsi faits ; il n'y a pas deux de vos actes qui ne se démentent, deux de vos paroles qui ne se contredisent, et vous encensez et vous proscrivez à la même heure les mêmes hommes et les mêmes choses ? Quoi de plus ? N'est-ce pas quelque échauffourée semblable à celle de Boulogne qui va bientôt frapper vos regards ; et n'a-t-on pas le droit de croire que cette verte et vive jeunesse erre autour de la France, où s'achève le règne d'un vieillard, pour s'élancer, au moment où il s'éteindra, sur quelque point du littoral français, afin de faire valoir ses prétentions ?

A toutes ces questions nous répondrons : non. Non, le petit-fils de Louis XIV n'est pas venu en Angleterre pour préparer un débarquement sur les côtes françaises, car le petit-fils de Louis XIV a dit : *par la France ou pas*, et, en prononçant cette parole, il a mis ses destinées dans les mains de la France. Non, le petit-fils de Louis XIV ne viendra pas tomber dans un trébuchet tendu par les mains de M. Thiers, qui, par ses habiletés de police, a attiré le jeune Louis-Napoléon ; cette noble proie est trop grande pour les ignobles filets d'un pareil oiseleur, et si le Fouché nain du nouveau régime avait compté sur un guet-apens d'Eltinghen pour servir la nouvelle dynastie, il faut qu'il renonce à cet espoir. Non, le petit-fils de Louis XIV ne viendra pas se faire prendre dans une échauffourée ; il descend de trop haut et de trop loin pour finir ainsi, et il n'a pas oublié qu'il a dans ses veines du sang de Louis-le-Gros qui rendit la liberté aux communes, et qui disait à ce soldat qui prétendait le faire prisonnier : « Où as-tu vu qu'on prît jamais le roi aux échecs? » Non, le petit-fils de Louis XIV ne rôde point autour d'une vie fatiguée d'années et de soucis, en attendant que le glas des funérailles lui donne le signal. Ces sentimens abjects ne trouvent pas de place dans cette âme généreuse. Naguère encore les corbeaux doctrinaires, croassant autour de son lit de douleur, ont pu compter les chances funestes que présentait son mal avec une horrible joie ; mais on sait aussi comment le petit-neveu de Louis XVI s'est vengé de ces joies honteuses, et l'histoire n'oubliera pas le fils de la duchesse de Berry s'agenouillant, ému et pensif, afin de prier pour le repos de l'âme de son cousin le duc d'Orléans, si rapidement passé de vie à trépas.

Vous le voyez, toutes vos suppositions sont fausses et injustes, ajoutons qu'elles sont insensées. Vouloir persuader que, dans l'état d'intimité où sont les cabinets de Londres et du Palais-Royal, HENRI DE FRANCE vienne préparer un embarquement dans un port d'Angleterre, c'est insulter le bon sens public. Ce qu'il va faire dans la Grande-Bretagne, nous avons promis de vous le dire et nous vous le dirons. Il y va pour voir l'Angleterre, pour en être vu et pour voir des Français.

Ce n'est pas un gouvernement qu'il vient visiter, c'est un peuple, un peuple qui nous a fait de cruelles blessures, il est vrai; mais un peuple dont le génie, rival du nôtre, lui a de tout temps disputé les destinées du monde ; un peuple qu'il faut connaître pour savoir lui résister. Voilà le premier objet qui conduit HENRI DE FRANCE en Angleterre. Il n'aime que ce qui est français, mais il admire tout ce qui est grand. Jeune homme, il a voulu étudier le colosse qu'il avait entrevu dans son enfance; il a voulu voir de près cette Tyr moderne qui, allongeant ses deux grands bras autour du monde, tient les eaux captives sous sa loi, depuis que la révolution a tué l'Espagne et a énervé la France qui, seules, avec leurs pavillons unis, pouvaient assurer la liberté des mers. Qu'avez-vous à dire de ce premier motif du voyage du comte de Chambord? Ne vous semble-t-il pas juste et légitime? Vous avez fait des loisirs à l'exilé; l'exilé en profite pour étudier les peuples qui entourent son pays. Hier c'était l'Allemagne, aujourd'hui c'est l'Angleterre, la commerçante et maritime Angleterre, toute couverte de ses noires fabriques, et dont le grand corps industriel a pour âme la vapeur. Que voulez-vous? Parmi toutes les couronnes que vous lui avez ôtées, il y en a une du moins à laquelle vous ne sauriez empêcher Henri de Bourbon de prétendre, c'est celle de l'estime des Français. C'est pour la mériter qu'il veut connaître tout ce qu'un prince doit connaître, savoir tout ce qu'un homme du 19e siècle doit savoir. Et, quand à ce désir il se mêlerait un peu de joie de se sentir plus près du tant doux pays de France, qui donc, à quelque parti qu'il appartienne, envierait cette joie au jeune et royal exilé, dans une époque où tous les partis ont connu le bannissement et l'exil?

Mais le voyage de Henri de Bourbon en Angleterre a encore, nous vous l'avons dit, un second motif. Après la France, l'Angleterre est le pays où les renommées se font, où la valeur des hommes trouve les appréciateurs les plus éclairés. L'intelligence humaine a un trône dans ces deux grandes métropoles de la civilisation. Etonnez-vous après cela que Henri de Bourbon vienne, non seulement afin de voir, mais pour être vu! Qui ne sait les calomnies auxquelles il a été en butte, et quelles rumeurs perfides on a essayé d'accréditer contre sa personne, son éducation, ses idées? Eh bien! le voilà en Angleterre, sous les yeux d'un peuple éclairé qui compte des hommes distingués dans tous les genres. Il n'a ni appareil, ni cortége, ni grandeur d'emprunt, rien enfin qui puisse lui donner cette splendeur de reflet qui fait ordinairement illusion sur les princes. Il vient parler, avec le savant, de science; l'industriel, d'industrie; le commerçant, de commerce; le marin, de marine; pendant qu'il étudiera l'Angleterre, l'Angleterre pourra l'étudier. On va connaître cet esprit que les dynastiques s'attachent à peindre comme arriéré ; on va voir le fils de Louis XIV, non plus dans les images noires de la méchanceté doctrinaire, mais tel que Dieu l'a fait. L'Angleterre saura s'il est de son siècle ou s'il n'en est pas ; si son intelligence est cultivée ou si elle manque de culture; si les années de l'exil ont été pour lui stériles ou fécondes; elle saura si le prince est un homme, et le retentissement de la renommée en dira quelque chose à la France. En fait d'amour, Henri de Bourbon n'ambitionne que celui des Français; mais il apprécie à sa juste valeur l'estime de l'Angleterre. Il sait qu'il est chez un grand peuple, et il se réjouit en même temps à la pensée que, sur ce rivage si voisin du nôtre, il pourra voir un grand nombre de ses amis de France qui lui apporteront avec eux l'air de la patrie absente; qui lui parleront de son pays, et qui parleront de lui à son pays lors de leur retour.

Voilà les projets, les manœuvres, les conspirations du petit-fils de Henri IV. Que la police ne tende point ses ignobles filets, elle n'y prendrait personne ; que les dynastiques ne se préparent pas à une bataille de Culloden, il n'y aura pas de bataille de Culloden livrée; qu'ils ne disposent point, dans le château de Vincennes, la prison où le duc d'Enghien passa sa dernière nuit ; car, pour cette prison, il leur manquerait un prisonnier. Ce n'est pas du rivage d'Angleterre que viendra le péril des doctrinaires, c'est du sein même de la situation qu'ils ont créée ; ce n'est pas telle ou telle entreprise qui les fera périr, c'est le progrès de cette situation qui les tue ; ce n'est pas tel ou tel événement, ce sont tous les événemens qui les accablent ; ce n'est pas tel ou tel homme qui va paraître pour les renverser, c'est la France qui vomit les embastilleurs et les ministres de l'étranger. Une fois comme en mille, qu'ils voient donc leur danger où il est, et non où il n'est pas; et qu'ils sachent bien que sur le rivage anglais qui regarde le nôtre, comme dans un plus lointain exil, Henri de Bourbon répète, les yeux levés vers le Dieu qui l'a protégé depuis qu'il est né, et les bras étendus vers sa patrie qu'il a aimée depuis que son cœur est éveillé dans son sein : « Tout pour la France et par la France ! »

x

LETTRE DEUXIÈME.

A M. le vicomte de Conny.

Londres, le 3 décembre.

Lorsqu'il y a six ans j'écrivais de Londres à nos amis, c'était du couronnement de la reine Victoria que j'avais à leur parler; c'étaient les pompes d'un sacre protestant qu'il fallait décrire, les merveilles de la puissante et riche Angleterre dont il s'agissait de donner une idée, en montrant en même temps le ver rongeur du paupérisme attaché aux flancs de ce navire immense dont la poupe s'appuie sur l'Océan et dont la proue va toucher la Méditerranée, et la plaie irlandaise ouverte à la quille même de ce bâtiment gigantesque, comme une de ces voies d'eau par lesquelles l'Océan, prenant à la fin sa revanche, entre en vainqueur dans les édifices flottans qui semblent le dominer. Aujourd'hui je n'ai rien de pareil à leur raconter. Point de couronnement, point de fêtes magnifiques, point de sacre, point de pompes, point de développement de puissance, point d'étalage de richesse. La reine Victoria, que l'on couronnait il y six ans, elle est en ce moment absente de Londres, en visite chez sir Robert Peel, puis après, chez plusieurs autres grands personnages de son royaume. Londres, si resplendissant de fêtes à la même époque, est veuf de la partie la plus brillante de sa population qui, en attendant la réunion du parlement, habite ces belles résidences où l'aristocratie, cette véritable reine d'Angleterre, tient sa cour. Et cependant, avant même d'avoir vu HENRI DE FRANCE, j'ai de plus grandes choses à raconter à nos amis que celles dont il était alors question dans les lettres qui étaient datées de ce pays. Ce que j'ai à leur raconter, c'est la première visite des Français à HENRI DE FRANCE arrivant dans la ville de Londres, et la première visite de HENRI DE FRANCE aux Français accourus à Londres pour lui parler de sa patrie bien-aimée.

Là, il n'y a plus rien qui tienne du prestige de la grandeur matérielle, rien de cet appareil qui ne touche l'esprit qu'à force d'éblouir les yeux. Si vous vous arrêtez à l'extérieur, vous n'apercevrez qu'un jeune homme qui entre dans la capitale de l'Angleterre à une époque où la haute société l'a quittée, et qui y entre en exilé, en proscrit, sans qu'aucune manifestation du gouvernement saluâ sa présence. Mais cette absence d'appareil extérieur, d'éclat matériel fera ressortir encore la grandeur morale de la scène qu'il faut maintenant raconter.

Le 29 novembre, HENRI DE FRANCE était arrivé à Londres, et les salons de l'hôtel qu'il occupe dans Belgrave-Square étaient si remplis de Français, que la place manquait à cette affluence extraordinaire d'hommes appartenant à toutes les classes de la société, et qui tous avaient quitté leur pays avec la même pensée en se dirigeant vers le même but. Il y eut comme un saisissement mutuel dans cette première entrevue. Le cœur battait à tous ces Français en voyant tout ce qui restait de ce sang des victorieux et des martyrs qui coula dans les veines de Louis XIV et de Louis XVI; de Louis XVI, plus grand encore sur son échafaud que Louis XIV sur son trône, car il réconcilia la royauté et la liberté un moment désunies, et il aima la France autant que son aïeul avait aimé la gloire. Le cœur battait aussi à HENRI DE FRANCE en présence de cette foule de Français qui, pour le voir pendant quelques jours, avaient quitté leur famille et leur pays. Il ne savait point leurs noms, ils étaient trop nombreux pour qu'on pût les lui dire dans ce premier moment de confusion, d'émotion et de trouble; mais il lisait sur leurs fronts à tous un nom qui vaut bien pour lui tous les noms : la France ! et sa belle figure exprimait la vive émotion qui remplissait son cœur.

Ce fut son cœur aussi qui lui suggéra le moyen de dire à tous ce qu'il ne pouvait dire à chacun dans cette première entrevue. Tout à coup on le vit traverser les flots nombreux de visiteurs qui s'ouvraient avec peine pour lui faire un passage. Son œil limpide et singulièrement expressif semblait concentrer toute sa puissance sur un but unique. C'est qu'il y avait là un Français qui est la merveilleuse expression du caractère et de l'esprit français, qui touche à notre pays par le cœur comme par l'intelligence, en qui la France aime à se reconnaître, à saluer son propre génie, si amoureux de la gloire, si insoucieux de fortune, si dévoué aux grandes idées et aux grandes choses; un homme qui a pu dire, après avoir fait noblement la part de la faiblesse humaine et s'être jugé avec l'humilité du chrétien, que du moins les grandes lignes de sa vie s'accorderaient ensemble, et qu'il mourrait comme il avait vécu, sans renier ses trois croyances, la religion, la royauté et la liberté. HENRI DE FRANCE se dirigea donc vers cet homme illustre qui, malgré les fatigues d'un long voyage et le poids de la maladie, donnait à tout le monde l'exemple du respect, et se tenait debout devant les grandeurs de l'exil et les majestés d'un passé de huit siècles rassemblant leurs rayons sur un front brillant de jeunesse et d'avenir, et quand il fut auprès de lui, prenant ses deux mains : « M. de Châteaubriand, lui dit-il, asseyez-vous de grâce, je vous » en prie, pour que je puisse m'appuyer sur vous. »

Cette première parole n'était que le prélude de la scène qui devait se passer le lendemain. Le noble duc de Fitz-James, noble par le cœur encore plus que par la race, à la tête d'une nombreuse députation de Français, s'était rendu chez M. de Châteaubriand pour lui dire, au nom de tous les Français présens à Londres, ce que le petit-fils de Louis XIV lui avait dit la veille en son propre nom. Bientôt cette députation, grossie par une foule de Français qui affluaient de toutes parts, remplit non seulement le salon de M. de Châteaubriand, mais la salle voisine. Plus de trois cents personnes étaient là réunies, et il arrivait à chaque instant de nouveaux visiteurs. Alors M. de Fitz-James, prenant la parole, salua, au nom de tous, l'homme de la religion, de la liberté et de la monarchie qui, dès les premiers jours de la restauration, avertit la royauté que si la liberté n'avait pas sa place dans l'édifice, cet édifice ne durerait pas; cet homme que la liberté comme la monarchie trouvèrent fidèle dans la crise dernière de la restauration, il le montra venant entouré des sympathies de la France qui, « malgré tout, est toujours la noble France, » comme l'a si bien dit le duc de Fitz-James, pour remplir une grande mission auprès du petit-fils de Louis XIV, en lui disant la vérité sur le présent comme sur le passé, et en lui révélant tout ce que l'expérience, éclairée par le génie, peut préjuger de l'avenir de la société française.

L'émotion était universelle pendant cet éloquent hommage, et elle avait redoublé chez tous quand on avait entendu le duc de Fitz-James rappeler à M. de Châteaubriand l'amitié qui l'unissait à son glorieux père. Tout à coup la porte s'ouvre, et là, dans cette réunion improvisée où tout le monde était venu sans apprêt, on voit entrer Henri de France.

A sa vue, un profond silence s'établit : « *Messieurs*, dit-il d'une » voix ferme et cependant émue, *j'ai appris que vous étiez réunis* » *chez M. de Châteaubriand, et j'ai voulu venir ici vous rendre* » *votre visite.* » A ces paroles, il se fit un mouvement dans toute cette nombreuse assemblée ; chacun avait compris tout ce qu' y avait de beau dans cette rencontre du petit-fils de Louis XIV et des Français chez M. de Châteaubriand, sur un terrain qui semblait devenu français depuis que tant d'hommes dévoués à leur pays s'y trouvaient avec le descendant de saint Louis, de Louis XIV et de Louis XVI, avec ce prince qui a choisi lui-même cette devise : « Tout pour la France et par la France, » et avec l'homme illustre qui a toujours soutenu une politique toute française, et comme écrivain et comme homme d'Etat. Pendant que cette réflexion se présentait à tous les esprits, les paroles du prince lui donnaient un nouveau poids, car il continuait ainsi : « *Je suis heu-* » *reux de me trouver au milieu des Français! J'aime la France,* » *parce que la France est ma patrie.* » Noble parole, cri touchant de l'exilé! Ainsi son premier regret n'est pas pour la puissance perdue, mais pour la patrie absente. C'est quelque chose de bien brillant sans doute que ce sceptre qu'avant 1830 on avait promis à ses jeunes années, que cette couronne qu'au 29 septembre 1820, les voix les plus dévouées aujourd'hui au nouveau pouvoir appelaient sur sa tête. Eh bien ! ce n'est pas à cette couronne et à ce sceptre qu'il pense d'abord, c'est à son pays. Qui pourra dire maintenant que le petit-fils de Louis XIV regarde la France comme son domaine, comme sa propriété ? Il a pour elle un nom plus doux et plus touchant ; « Ma patrie! » Mais enfin, dira-t-on, « ce trône » perdu, cette couronne transférée sur une autre tête, il y pense ? » Une loi a sans doute défendu, sous peine d'amende et de prison, » d'écrire en faveur de l'ancien droit monarchique appliqué jus- » qu'en 1830 ; mais les souvenirs, les idées d'un prince exilé n'é- » chappent-ils pas à l'empire des lois ? Ses souvenirs, ses idées ne » se portent-ils pas, sur la terre étrangère, vers le trône qu'ont » occupé ses pères ? » Ecoutez sa réponse : « *Si jamais mes pen-* » *sées se sont dirigées vers le trône de mes ancêtres, ce n'a été* » *que dans l'espoir qu'il me serait possible de servir mon pays.* » Ainsi, c'est moins la puissance qu'il regrette que le bonheur de travailler à la grandeur du pays où il est né ; et il ajoute aussitôt, en marquant les voies qui, selon lui, sont les seules où l'on puisse servir son pays, que « *ce sont les principes et les* » *sentimens si glorieusement proclamés par M. de Châteaubriand,* » *et qui s'honorent encore de tant et de si nobles défenseurs dans* » *notre terre natale.* » Ainsi l'alliance du pouvoir et de la liberté apparaît à cet esprit juste et élevé comme la seule voie où les serviteurs de la France puissent marcher.

Pendant que le prince prononçait ces dernières paroles, un long vivat s'élevait : « *Vive Henri de France!* » Ah ! du moins, ce nom-là, personne ne vous l'ôtera, Monseigneur ; car, de la tête au cœur, vous l'avez bien prouvé, vous êtes Français. La fortune peut changer la position politique des princes, mais elle ne peut rien sur leur position morale ; et il y a une grandeur qu'il n'appartient plus à personne de vous ôter, c'est celle des sentimens et des idées. Qu'on rappelle, si l'on veut, les lois portées en 1830 contre votre enfance ; mais qu'on ne dise plus que vous êtes l'ennemi de la liberté, le représentant du droit divin, un prince travaillé du désir de porter la couronne à tout prix ; car tout le monde sait aujourd'hui que toutes vos pensées sont pour votre patrie, et que vous croyez qu'on ne peut servir la France qu'en marchant dans les voies de la liberté ; et, parmi tous les droits qu'on s'est donné contre vous, il y en a un qu'on ne saurait revendiquer sans indigner tous les honnêtes gens, celui de vous calomnier.

Un dernier mot, et nous aurons fini le récit de cette scène qui a rempli tous ceux qui en ont été témoins d'une émotion profonde. Le cri de : « *Vive Henri de France!* » retentissait encore, lorsque le petit-fils de saint Louis se retourna avant de se retirer, et répondit d'une voix forte : « *Et moi, Messieurs, je crie vive la France !* »

Que vous dirai-je après cela qui ne pâlisse et ne paraisse de moindre intérêt? Ainsi M. de Châteaubriand ne s'était pas trompé en jugeant que le petit-fils de Henri IV avait dans le cœur et dans l'esprit les idées et les sentimens que pouvaient lui souhaiter les amis de sa gloire! Ainsi ces idées et ces sentimens que M. de Châteaubriand apportait dans sa tête et dans son cœur, il les a trouvés dans la tête et dans le cœur du petit-fils de saint Louis ! En fait d'amour pour la France, de respect pour le principe de la liberté, il n'a eu rien à lui apprendre, rien à lui faire oublier. Il a tout obtenu sans avoir rien demandé. Dès que le jeune prince a vu M. de Châteaubriand, sa pensée a jailli d'elle-même, et sa pensée s'est trouvée toute française, toute nationale, sympathique à la pensée de tous, belle et pure comme la pensée de Louis XVI, qui semble reparaître après cinquante années de révolution, en partant d'un cœur aussi dévoué au peuple français.

Voilà ce qui nous charme, nous ravit, nous autres tous, députés, écrivains, royalistes de toutes les classes, de toutes les provinces, qui ne séparons pas nos convictions politiques de notre dévoûment profond à notre pays; hommes de liberté et hommes d'ordre à la fois, qui ne sommes pas venus à Londres pour conspirer, mais pour parler de la France au prince que nous avons défendu quand on l'a calomnié; qui avons répondu de lui avec MM. de Larcy, de Valmy, de la Bourdonnaye comme avec M. de Brézé, *corps pour corps, cœur pour cœur*. Nous avons le droit de lever la tête, car toutes les paroles que nous avons données à la France, le prince les a tenues. La France peut voir aujourd'hui si nous étions des flatteurs, si nous avons tendu des piéges à sa bonne foi, si nous avions des illusions, si nous nous trompions nous-mêmes, comme on le répétait, avant de la tromper. Les paroles de HENRI DE FRANCE sont là, et ces paroles, les premières paroles publiques qu'il prononce, sont un magnifique commentaire de ce cri sorti de son cœur dans un entretien avec un homme dévoué à la maison de Bourbon et au pays. Ses premières paroles sont pour la patrie, pour son bonheur, pour sa gloire, pour le triomphe de ces grands principes de liberté, de nationalité que M. de Châteaubriand a portés pendant toute sa vie.

Qu'on ne nous demande plus maintenant ce que le prince est venu faire à Londres, ce que nous sommes venus y faire nous-mêmes, ce que nous rapporterons de notre voyage? Nous n'en rapporterons ni une conspiration ni une révolution, et ce n'était certes pas ce que nous y étions venus chercher. Mais nous en rapporterons des paroles qui prouvent que le droit divin n'existe plus nulle part, que l'esprit de privilége est mort, que le fantôme de l'ancien régime est scellé dans les tombes du passé et qu'il n'en sortira plus, et qu'il n'y a personne, à quelque parti qu'il appartienne, sous quelque drapeau qu'il marche, qui puisse se dire plus Français, plus homme de lumière, plus ami de la liberté que le dernier rejeton de cette grande maison royale qui enfonce si profondément ses racines dans le passé de notre histoire. Nous rapporterons ces paroles qui rendent les calomnies impossibles, qui frappent d'impuissance les mensonges; et nous rentrerons dans notre pays en répétant tous un cri qui a toujours été dans notre cœur, mais que cette fois nous avons pris sur les lèvres du petit-fils de saint Louis, de Louis XII, de Charles V, de Charles VII, de Henri IV et de Louis XIV, et ce cri, le voici : *Vive la France!*

N.....

P. S. J'avais à vous parler de mille détails qui n'ont pu trouver leur place. Le courant des idées générales m'a emporté et il a fallu le suivre ; sans cela j'aurais dit les visites matinales du prince chez M. de Châteaubriand, auprès du lit duquel il vient s'asseoir, chaque matin, pour causer avec lui des hommes et des choses, et qu'il appelle son *cher malade ;* l'empressement du prince à recevoir tous les Français ; la touchante sollicitude avec laquelle, la première fois que nous le vîmes, il traversa deux salons pour aller au devant d'un vieillard qui s'était évanoui d'émotion à son aspect. Puis j'aurais pu vous raconter une scène d'une majesté inexprimable; plus de mille Français assistant à la messe dans la petite chapelle de King-Street, qu'ils remplissaient en entourant le petit-fils d'Henri IV, et tous les cœurs s'élevant en même temps vers Dieu, toutes les prières se confondant dans une même prière, pendant que le prêtre récitait l'admirable office de l'*Avent*, où l'on trouve à chaque ligne des passages qui correspondent aux sentimens dont nous étions tous animés. Le descendant des rois très chrétiens agenouillé à côté de l'auteur du *Génie du Christianisme*, et priant le Dieu de saint Louis dans la chapelle française bâtie par une génération d'exilés: connaissez-vous le sujet d'un plus touchant et d'un plus admirable tableau?

LETTRE TROISIÈME.

A mon père (1).

Londres, 10 décembre 1843.

Enfin je l'ai vu, cet Henri de France dont tant de fois j'avais évoqué l'image dans les méditations de mes journées et dans les rêves de mes nuits ! Mes yeux ont rencontré son regard, mes oreilles ont été frappées du son de sa voix ; ses idées, ses sentimens, exprimés par lui-même, se sont manifestés à mon intelligence. Je le connais ; je peux dire à nos amis comme à nos adversaires :

---

(1) Le père de l'auteur vivait encore à l'époque où furent écrites ces lettres; il a eu la douleur de le perdre pendant qu'on imprimait cet ouvrage.

je l'ai vu. Désormais il me sera permis d'engager ma parole quand il s'agira de l'homme, et personne ne pourra plus m'accuser de crédulité quand je parlerai de lui. Mes éloges, si j'ai à lui en donner, ne seront plus des ouï dire, une impression formée sur d'autres impressions, un récit composé d'autres récits. Je suis allé, à l'exemple de tant d'autres Français, comme un témoin oculaire, lui parler de la situation de notre pays; je reviens, comme un témoin oculaire, parler à mon pays de Henri de France. Je suis allé, à l'exemple de tant d'autres Français, et après notre illustre Châteaubriand, dire la vérité à Londres ; je reviens, avec la même franchise, dire la vérité, toute la vérité, rien que la vérité à Paris. Ce serment, qu'avant d'entrer dans le cabinet du petit-fils de Louis XIV, à Belgrave-Square, j'avais prêté devant Dieu et devant ma conscience, et que j'ai tenu dans toute son étendue, je le répète devant la France et je le tiendrai avec la même fidélité. Devant le descendant des rois très chrétiens, dire la vérité sur la France; devant la France, dire la vérité sur le descendant de saint Louis et de Henri IV, voilà notre mission, à nous tous qui sommes allés à Londres ; et cette mission, nous la remplirons ici comme là-bas nous l'avons remplie.

Je n'étais pas sans crainte, je l'avoue, à mon départ pour l'Angleterre : je sentais que j'allais assister à une épreuve solennelle et décisive. Dans ses précédens voyages, Henri de France, paraissant sur un point très éloigné de notre territoire, ne s'était jamais trouvé qu'en présence d'un petit nombre de Français. En outre, peu de personnes pouvaient redire des paroles précises et sérieuses du prince relativement aux grandes questions qui divisent les esprits dans notre pays. De nobles sentimens exprimés d'une manière concise et énergique, une volonté arrêtée de ne jamais rien devoir au fatal concours de l'étranger, voilà à quoi se bornait tout ce que nous savions, tout ce que nous pouvions apprendre à la France. Ainsi le nombre des témoins était petit, et le cercle des faits sur lesquels ces témoins pouvaient déposer était étroit. L'âge encore si tendre du prince, la distance considérable qui séparait de la France les lieux où il s'était montré, le petit nombre de personnes qui avaient pu aller le visiter dans cet éloignement, avaient contribué sans doute à laisser ainsi planer le vague et l'incertitude sur ses idées. Dans le voyage de Londres, ce vague et cette incertitude allaient disparaître. Cette fois Henri de France, en se rapprochant si près de nos rivages, venait pour ainsi dire se montrer à tous tel qu'il était. Ce n'était plus un adolescent, c'était un homme. Au lieu d'un petit nombre de visiteurs dont la satisfaction pouvait être attribuée au dévoûment, et qu'on soupçonnait de ne rapporter, de leur visite à l'exil, que les sentimens et les impressions qu'ils avaient apportés avec eux, c'étaient des milliers de Français de tous les âges, de tous les caractères, de toutes les conditions sociales, de toutes les professions, qui allaient affluer à Londres du fond de toutes nos provinces. La vieillesse, l'âge mûr et la jeunesse, la richesse oisive et le travail, le peuple, les classes moyennes, comme la noblesse, allaient se trouver représentées autour du prince par des caractères divers, par des esprits de toute nature. La ressource d'un silence diplomatique ne serait pas permise ; car tous ces visiteurs parleraient, et il faudrait leur répondre. Dans un prince arrivé à l'âge d'homme le silence serait regardé comme de l'impuissance. S'il se taisait, on redirait à la France, au retour, qu'il manquait de paroles parce qu'il manquait d'idées. Mettre une barrière autour du prince, établir une espèce de douane politique autour de lui pour arrêter au passage la liberté des opinions, c'était une idée folle et impraticable devant cette multitude de Français qui allaient accourir de tous les points du royaume. La digue trop faible serait emportée par le torrent si on tentait de la construire. Ainsi, il n'y avait pas à en douter, cette fois le nuage mystérieux qui couvrait encore l'héritier de tant de rois élevé dans l'éloignement et dans le secret de l'exil, allait être percé et l'on allait savoir si, sous ce nuage, il y avait un homme. L'épreuve devait être décisive et complète. L'or allait être mis dans le creuset, et nous étions au moment d'apprendre s'il était pur et sans alliage.

Telles étaient les préoccupations qui agitaient nos pensées pendant que nous nous acheminions vers Londres. Ceux qui ont parlé de voyage sentimental, d'équipée politique, d'étourderie chevaleresque, nous ont eux-mêmes bien étourdiment jugés. Nous allions avec recueillement et avec un espoir mêlé d'appréhension, approfondir à Londres un grand mystère, lever les sceaux qui tenaient encore fermée une destinée à laquelle nous prenons un intérêt si vif et si tendre. Nous allions, tout préoccupés de ce que nous avions à dire à notre arrivée, plus préoccupés encore de ce que nous aurions à dire au retour. Nous espérions, nous craignions, notre joie se mêlait d'anxiété ; car nous sentions, pour notre part, que le courage comme la volonté nous manqueraient pour mentir à la France, et que la vérité s'échapperait malgré nous de notre bouche, quand bien même nous voudrions la tenir captive.

Voilà, pour ma part, les idées qui remplissaient mon esprit. Certes, je n'avais pas moi-même oublié ce que j'avais si souvent pris soin de rappeler aux autres : la main de Dieu étendue sur le fils du duc de Berry avant sa naissance, cette journée du 29 septembre qualifiée de miraculeuse par M. de Lamartine, la sollicitude que semblait avoir mise la Providence à écarter de cette jeune tête la responsabilité de nos divisions et de nos malheurs, et enfin, dans la journée du 30 juillet, la mort montrée de si près à Henri de Bourbon puis écartée par la protection d'en haut. Mais, en même temps que j'énumérais dans mon cœur ces motifs de confiance, je songeais avec effroi à ces terribles ironies par lesquelles la Providence semble quelquefois se jouer de la sagesse humaine, toujours courte par quelque endroit, comme parle Bossuet. Ne pouvait-il pas se faire que tant d'apparences réunies ne fussent que des apparences vaines, destinées à nous aveugler. Qu'allions-nous voir? Qu'allions-nous entendre? Sans doute les doctrines resteraient intactes, les principes demeureraient fermes dans nos intelligences ; mais quelle douleur si cette grande race des Bourbons, qui rayonne dans l'histoire de toute la splendeur qui entoure le nom de Louis XIV, ne se montrait plus à nous qu'en jetant une lueur pâle et incertaine comme le reflet de la lampe qui veille au chevet d'un mourant ! Avec quel serrement de cœur ne reviendrions-nous pas s'il fallait nous avouer que cette race de gloire, qui a lui dans nos annales pendant tant de siècles, était déjà moralement et intellectuellement éteinte dans son dernier descendant ? Ainsi il nous faudrait pleurer sur celui qui fut l'enfant de nos espérances et de nos larmes ; il nous faudrait porter le deuil de toutes les grandeurs morales que nous avions rêvées pour lui ! Ainsi ces pieuses croyances que nous nourrissions dans nos cœurs, il nous faudrait y renoncer comme à des illusions ! Il nous faudrait nous répéter qu'il y a des grandes races semblables à ces grands fleuves qui ne sont plus qu'un ruisseau quand ils finissent, et courber le front sous un désenchantement immense que nous serions venus chercher de si loin !

C'est dans cette incertitude cruelle que mon esprit nageait encore pendant que nous entrions à Londres. En me dirigeant vers le lieu où j'allais trouver la solution de ce grand problème, mon anxiété devenait plus vive, et le combat que se livraient mes espérances et mes craintes devenait plus violent. J'écoutais, mais avec distraction, ce bourdonnement de louanges qui retentit dans les avenues des demeures princières; ces louanges s'arrêtaient à mes oreilles sans arriver jusqu'à mon esprit. Les louanges, on le sait, ne sont que des assignats qu'il vaut presque toujours mieux donner que recevoir. J'entrai enfin; je vis HENRI DE FRANCE dans ces réceptions matinales dont les journaux anglais, possédés de leur manie aristocratique, ont fait des levers, et où tous les Français, bourgeois aussi bien que gentilshommes, venaient sans cérémonial et avec la plus grande simplicité.

J'examinai long-temps le prince, et je m'avouai tout d'abord que, parmi les détails que l'on nous avait donnés sur sa personne, il y en avait deux d'inexacts. D'abord, quoi qu'on en ait dit, il traîne et traînera encore pendant quelque temps sa jambe naguère blessée, résultat naturel du régime d'immobilité auquel ce membre a été soumis; puis, sa taille est moins élevée qu'on ne l'avait dit généralement, sans être aussi exiguë que les amis du Palais-Royal ont voulu le faire croire. Il est au dessus des hommes de petite taille et il arrive à la moyenne; il est de bien plus haute stature que M. Thiers et même que Napoléon, devant lequel le gigantesque duc de Trévise lui-même semblait petit. Je ne donne ces détails que pour montrer avec quel soin j'examinai le prince et avec quelle fidélité je rapporte toutes mes impressions.

Au premier abord sa physionomie me frappa, et je crus lire des promesses sur son front large et pur et dans ses yeux à la fois doux et brillans. Mais ce n'était là que des dehors, et les dehors sont souvent si trompeurs que je réservai mon jugement. Je le vis se mêler à nous, allant de rang en rang, en adressant à chacun des nouveaux arrivans une parole de bienvenue; et il y avait dans ses manières une cordialité mêlée de dignité qui parlait en sa faveur. La joie qu'il ressentait à voir tant de Français qui avaient traversé la mer pour venir le visiter dans son exil, rayonnait sur son visage. — « Il aime les Français et la France, me disais-je; mais c'est un instinct de race, et cela ne prouve qu'une chose, c'est qu'il a le cœur d'un Bourbon; et, dans la situation où il se trouve, il ne suffit point d'avoir un bon et noble cœur. » M. le duc de Levis, qui semblait heureux de voir tant de Français se presser dans les salons de Belgrave-Square, voulut bien me conduire au prince et me présenter. HENRI DE FRANCE m'adressa quelques paroles bienveillantes qui me touchèrent; mais ce n'était pas une satisfaction personnelle que j'étais venu chercher à Londres, c'était la vérité sur le descendant des rois très chrétiens, comme j'étais venu y dire la vérité sur la France. J'attendis donc encore, en continuant de suspendre mon jugement.

Bientôt mon tour vint d'être reçu par Henri de France, et je vis tout d'abord qu'il n'y avait autour de lui ni barrière, ni obstacle, ni courtisans pour empêcher les Français d'arriver jusqu'à lui. Il était seul; pas une oreille qui entendît les paroles qu'on lui adressait, pas un regard qui s'interposât entre le regard du prince et le vôtre. On lui parlait face à face. Il se livrait ainsi bravement au jugement de son interlocuteur, n'ayant pour se défendre que les lumières de son esprit, n'étant armé que de son intelligence. Cette confiance me plut et commença à me rassurer; elle n'était pas d'un homme ordinaire. On aime un roi qui peut parcourir ses Etats sans gardes et sans suite, assuré qu'il est de trouver dans l'affection de ses sujets la meilleure des protections et la plus puissante des escortes; mais on aime aussi un prince qui a assez de confiance en lui-même pour souffrir qu'on le regarde en face, pour écouter et répondre, au lieu de se retrancher derrière ces espèces de fortifications de l'étiquette, qu'on a imaginées pour défendre les mauvaises places et pour abriter, derrière la majesté du rang, la médiocrité personnelle des princes.

Dès les premières paroles, je vis que j'avais affaire à un homme. C'était de la liberté, des droits nationaux, de l'impossibilité des priviléges, de la nécessité pour les hommes de la droite de devenir en tout les hommes de la France, de se fondre avec elle, de défendre les intérêts des classes populaires abandonnés, de conquérir par des services rendus au pays, dans toutes les sphères des intérêts généraux, une influence légitime que j'entretenais le prince. Non seulement j'étais écouté, mais compris; non seulement j'étais compris, mais approuvé; non seulement j'étais approuvé, mais interrompu par Henri de France, dont la pensée devançait la mienne, qui me disait ce que j'allais lui dire, qui s'exprimait d'une manière si claire, si précise sur ces questions capitales qui divisent notre époque, que je demeurais à la fois confondu et ravi de ce qu'il me disait et de la manière dont il écoutait les paroles sérieuses que je lui adressais. Jamais je n'avais parlé avec plus de liberté et plus de franchise; pas un mot de flatterie, pas même un de ces mots de dévoûment qui viennent du cœur aux lèvres quand on se trouve en présence d'un Bourbon; une conversation toute de raisonnement, où la respectueuse affection du Français ne se décelait que par l'entière franchise de ses paroles, que par son empressement à faire tenir le plus de vérités possibles dans les courts instans qu'il avait à passer auprès du petit-fils de Henri IV. Cependant le prince paraissait content de moi, et j'étais surtout heureux de sa satisfaction comme Français; je remerciai Dieu dans mon cœur de ce qu'il avait exaucé tant de ferventes prières qui sont montées vers son trône en faveur du dernier rejeton de la race des saints et des martyrs.

Je sortis de cette audience le cœur allégé d'une montagne de soucis et d'appréhensions. Mes espérances étaient devenues des certitudes, mes anxiétés étaient finies; j'avais vu, j'avais entendu, je savais, j'étais rassuré, j'étais convaincu. Dieu avait donné au dernier descendant de cette illustre maison l'intelligence de son siècle et de son pays. Sous le prince il y avait un homme, un homme de cœur, un homme de sens qui savait tout écouter, tout comprendre, qui ne tombait point dans la pire espèce des anachronismes, les anachronismes politiques; qui, en honorant dans le passé tout ce qui était honorable, vivait dans le présent les yeux attachés sur l'avenir. Je redis sans scrupule mes impressions, non pour me mettre en scène, non par une puérile vanité, mais parce que mes impressions sont à peu près celles de tous ceux qui sont venus à Londres; parce que, en racontant mon histoire, je raconte la leur, et qu'on raconte toujours moins bien l'histoire des autres que la sienne.

Depuis ce moment, tout ce que j'ai vu, tout ce que j'ai entendu n'a fait que fortifier ces premières impressions. A mesure que nous avions été reçus par Henri de France, nous nous communiquions les idées et les sentimens qu'il avait exprimés, et ces idées et ces sentimens annonçaient toujours l'homme d'intelligence et de cœur. Il disait aux uns : « Si la Providence me faisait asseoir » sur le trône de mes pères, je ne voudrais être ni le roi d'une » classe ni le roi d'un parti; je voudrais être le roi de tous. » Il disait aux autres : « Les libertés nationales, dans la monarchie » française, sont aussi sacrées que les droits de la royauté. » A ceux-ci il parlait de la grandeur de la France de manière à leur faire lever la tête. Il répétait à ceux qui lui exprimaient de leur dévoûment : « Le seul moyen de me prouver votre affection, c'est de » servir la France. » Il disait souvent : « Avez-vous vu ici, autour » de moi, des courtisans, une cour? Je n'ai que des serviteurs

» fidèles qui ont tous mes sentimens. S'il en était autrement, ils » ne resteraient pas auprès de moi vingt-quatre heures. » Il nous exhortait tous à l'union et à l'action pour la défense des intérêts généraux, et il disait que les premiers à ses yeux étaient ceux qui rendraient les plus grands services à leur pays. Lui parlait-on d'un Français étranger à nos opinions qui désirait le voir, il disait : « Puisqu'il est Français, amenez-le ; je veux entendre tous les » Français, je veux connaître la pensée de tous ; la vérité est à ce » prix. » Venait-on à dire devant lui qu'un pauvre Français, se trouvant réduit à une condition trop humble pour désirer lui être présenté, avait voulu du moins qu'on lui offrît l'expression de son profond respect. « — Qu'importe l'habit, reprenait-il. Je veux » le voir ; je ne veux pas qu'il soit dit qu'un seul Français ait désiré me voir sans que son vœu ait été exaucé. » Ajoutez à cela une conversation qui se trouvait au niveau de tous les interlocuteurs, politique avec les politiques, militaire avec les officiers, savante avec les hommes spéciaux, mais surtout et avant tout pleine de sens. Ce regard si fier, cette pose si remplie de majesté, savez-vous pour qui il les gardait ? Il les gardait pour les étrangers, pour les Anglais; et les plus grands personnages de l'Angleterre n'ont pu se défendre, en approchant de lui, d'un trouble involontaire ; car Henri de France, méritant l'éloge que Bossuet a donné au grand Condé, maintenait la prééminence de la maison de France sur la terre étrangère et forçait tout front à se courber devant la majesté de son exil. Il remplissait de confiance le pauvre Français affamé de le voir; il frappait de respect le grand seigneur anglais venu pour lui faire sa cour.

Voilà ce dont nous avons été témoins pendant les dix jours que nous avons passés à Londres. Nous avons entendu notre illustre Châteaubriand répéter que le jeune prince dépassait son attente et remplissait tous ses souhaits ; qu'il ne pouvait rien lui dire sur la liberté, sur la nationalité, sur les droits de chacun et sur les droits de tous, sans être prévenu par lui ; qu'Henri de France comprenait tout ce qui était grand ; qu'il voulait tout ce qui était juste. Puis, pendant que l'auteur du *Génie du Christianisme* s'exprimait ainsi, il arrivait quelquefois que la porte s'ouvrait, et qu'un jeune homme, entrant sans être annoncé, comme un fils entre dans la chambre de son père, venait demander à son hôte comment il avait passé la nuit et s'il voulait lui donner une partie de sa journée pour parcourir Londres avec lui. Alors Châteaubriand sortait, soutenu par Henri de France, et nous voyions s'éloigner la voiture, qui ne renfermait que deux personnes, le descendant des rois très chrétiens et l'auteur du *Génie du Christianisme*, qui, sous prétexte d'aller visiter Londres, s'isolaient dans le carrosse qui les emportait, pour parler seul à seul de la France et de l'avenir.

Et maintenant, quand nous revenons dans notre patrie, nous trouvons des feuilles, les unes dynastico-doctrinaires, les autres dynastico-constitutionnelles, qui nous accusent, les unes d'avoir fait une démonstration coupable, les autres une démonstration ridicule!

Nous sommes partis le front haut, nous revenons le front plus haut encore. Si nous sommes coupables, d'où vient qu'on ne nous donne pas des juges? Nous sommes prêts à répondre, pourquoi n'êtes-vous pas prêts à nous interroger? Le régime actuel s'est-il donc montré jusqu'ici tellement rempli de mansuétude à notre égard, qu'on puisse croire que s'il hésite c'est par excès d'indulgence et de bénignité? Coupables, si nous l'étions, il y a longtemps que vous nous auriez frappés. Mais on n'est pas coupable, vous le savez bien, de traverser la mer pour dire à l'exil la vérité sur la France et de revenir en France pour dire la vérité sur l'exil. On n'est pas coupable d'avoir conservé dans son cœur le culte des souvenirs, d'avoir en horreur les trahisons et les apostasies, d'avoir pour maxime qu'il faut tourner le dos à la fortune plutôt qu'au devoir, et de professer le mépris le plus profond pour les désertions et les foi menties. Voilà nos crimes, nous les dénonçons nous-mêmes, nous nous en faisons gloire, osez nous accuser!

Quant à ces feuilles soi-disant parlementaires qui nous trouvent ridicules, si elles voulaient se dépouiller de leur esprit de partialité, nous les accepterions pour juges. Nous sommes, à leur sens, un parti de privilége et d'arbitraire, nous sommes les hommes de l'étranger. Eh bien? nous sommes allés à Londres pour protester contre trois choses, le despostisme, le privilége et le recours à l'appui odieux de l'étranger, et nous rapportons de Londres l'assurance, la preuve écrite que le petit-fils de Louis XIV condamne et réprouve autant que nous ces trois choses odieuses, le privilége, le despotisme, le recours à l'étranger. Nous ne tenons pas les affaires, nous ne pouvons pas exercer une action immédiate sur les destinées de la France; mais ce que nous pouvons faire, nous le faisons. Nous protestons contre une calomnie odieuse, nous chassons un fantôme qui rembrunissait l'avenir de nos destinées nationales; nous ôtons à la France une crainte qu'on a souvent voulu lui donner en la faisant croire à l'existence d'un parti menaçant pour sa prospérité et sa gloire ; nous crevons ce nuage, qu'on lui signalait comme contenant trois fléaux : le privilége, le despotisme et l'intervention étrangère. Qu'y a-t-il donc de si ridicule dans ce service rendu à notre pays ? Comment se fait-il qu'en agissant en bons citoyens, en bon Français, nous puissions exciter la risée ?

Et quels sont donc ceux qui nous parlent de si haut et qui s'arrogent le droit de nous jeter ainsi la dérision et l'ironie ? Où sont leurs titres de gloire ? Où sont leurs œuvres ? Ce sont ces hommes qui, avec leurs discours gonflés de libéralisme, nous ont conduits sous le joug des lois de septembre ; ce sont les économistes qui nous ont doté d'un budget de quinze cents millions ; ce sont les dupes ou les complices de M. Thiers, qui, pendant que nous parlions de liberté à Londres, se préparaient à voter le complément de l'embastillement de Paris ; ce sont ces courtisans puritains qui mettent la liberté dans leurs prémisses et les forts détachés dans leurs conclusions. Ridicules ! Ah ! vous le seriez sans doute si vous étiez moins odieux. Si l'on pouvait n'être que ridicule lorsqu'on contribue à ruiner et à humilier son pays, à le livrer, pieds et poings liés, aux doctrinaires qui le livrent à l'Angleterre, à le réduire au rang des puissances du second ordre, à en faire le piédestal d'un sophiste comme M. Guizot ou d'un roué comme M. Thiers, à annihiler son action en Espagne, en Belgique, en Allemagne, en Italie, vous seriez les plus ridicules de tous les hommes ; mais vous êtes quelque chose de mieux que cela, Messieurs. Vous vous appeliez le parti de la liberté ; où sont les libertés que vous avez données à la France ? Vous vous appeliez le parti de la gloire ; où sont les gloires qu'elle vous doit ? Vous vous appeliez le parti du progrès : où sont les progrès que vous avez faits ? Que sont devenues vos magnifiques promesses, vos théories brillantes, vos sublimes utopies ? Vous ne faites rien, vous ne pouvez rien ; vous déclarez qu'il n'y a rien à faire ; vous désespérez de notre France parce que vous êtes des néants gonflés de paroles vides ; et vous trouvez que nous sommes ridicules, Messieurs ! Et cependant, nous, nous ne désespérons pas de la France, nous ne désespérons pas de nous-mêmes ; nous nous transformons, nous marchons, le cœur plein de confiance dans l'avenir de notre pays !

Ah ! notre raison comme notre cœur nous le dit ; nous n'avons pas plus été ridicules que coupables à Londres. Nous avons usé d'un droit, rempli un devoir; nous avons agi comme des hommes dévoués à leurs idées, à leur pays. Nous avons fait acte de sagesse, acte de politique, acte de patriotisme, et nous n'en voulons pas d'autre preuve que la colère que nous excitons chez le ministère et parmi ces partis moribonds qui ne veulent pas permettre que les autres marchent parce qu'ils ne peuvent plus marcher. Nous avons prouvé à la France qu'elle n'avait rien à craindre de nous; que nous ne voudrions que ce qu'elle voudrait, quand elle le voudrait; que nous n'avons pas deux langages, deux pensées; qu'elle serait toujours maîtresse de ses destinées, et que ce n'était point parmi nous que se trouveraient jamais les ennemis des libertés nationales et les adversaires des principes et des sentimens qui sont nationaux dans ce pays. C'est du haut des principes et des sentimens de Châteaubriand que nous répondons à nos adversaires qui se préparent à nous parler du haut des bastilles. Voilà les deux positions, les deux situations face à face, et s'il y a crime ou folie, nous croyons qu'ils ne se trouvent pas de notre côté.

N.....

LETTRE QUATRIÈME.

Au Journal des Débats.

Londres, 15 décembre 1843.

Je viens de lire dans les journaux anglais l'article que vous a inspiré le voyage des nombreux Français qui sont venus voir HENRI DE FRANCE à Londres. Vous paraissez croire que leur position va devenir embarrassante à leur retour, et vous vous efforcez de cacher, sous une affectation de dédain, la colère qu'inspire aux doctrinaires, dont vous êtes l'organe, la démarche que vous êtes chargés d'attaquer. Faites-nous grâce d'abord de vos dédains; le dédain descend, il ne monte pas; c'est vous dire qu'entre les royalistes et les *Débats*, les royalistes ont seuls le droit d'être dédaigneux et les *Débats* doivent se résigner à être dédaignés. Vous êtes les renégats d'une religion politique dont nous sommes les fidèles. Toutes les promesses que vous aviez faites, nous les avons tenues; les doctrines que vous avez apostasiées, après les avoir déclarées pendant quinze ans inviolables et nécessaires à la France, nous les soutenons encore aujourd'hui; les affections que vous avez trahies, après avoir promis de les conserver jusqu'à la mort, nous n'avons pas cessé de les ressentir et de les exprimer. A moins donc que vous n'ayez trouvé quelque argument qui établisse que l'apostasie a le droit de regarder l'honneur et la loyauté en face, nous vous conseillons de baisser un peu la voix, et de vous rappeler ce qu'a dit M. de Châteaubriand, qui fut votre gloire du temps où vous aviez une conscience, et qui est toujours la nôtre : « Ce n'est pas la tête qu'il faut porter haut, c'est le cœur! »

Maintenant, et après vous avoir remis à votre place et avoir marqué la nôtre, arrivons au fond même de vos réflexions.

Vous vous étonnez qu'un grand nombre de Français soient accourus à Londres à la nouvelle de l'arrivée de Henri de France dans cette ville, et que, parmi ces Français, on ait compté des députés, des pairs, des hommes mêlés activement aux affaires du pays, qui jouissent de la protection des lois, qui usent des libertés que ces lois assurent. Vous dites que les personnes qui sont dans cette condition seront mises en demeure de s'expliquer, vous les menacez d'une discussion, presque d'une accusation.

Cette menace est une promesse; nous en prenons acte, nous vous la rappellerons. Pour les députés, vous avez la tribune; pour les écrivains, la presse; pour nous tous, les tribunaux. Nous vous donnons rendez-vous sur tous les champs de bataille de la publicité; [illegible] nous y attendre ou de nous y appeler? S'il faut dire toute ma pensée, je le désire plus que je ne l'espère. Vos paroles menacent, mais votre voix tremble, et, à travers tous les efforts que vous faites pour nous effrayer, on voit percer vos craintes. Allons donc; prenez un peu de confiance, demandez-nous devant le pays, devant la justice, ce que nous sommes venus faire à Londres, ce que nous y avons vu, ce que nous y avons entendu, ce que nous y avons apporté, ce que nous en rapportons. Ouvrez la lice où vous voudrez, nous ne nous y ferons pas attendre.

S'il ne s'agissait que de vous, on se contenterait peut-être de vous répondre que nous sommes venus prouver à Londres qu'il y a en France des cœurs nobles et sincères qui ont tenu envers l'enfant du 29 septembre les sermens d'affection et de dévoûment que vous avez parjurés, qui ont pris au sérieux les paroles que vous écriviez en leur nom, quand vous disiez : « Prince, notre unique espoir et l'objet de nos affections, nous jurons de vivre et de mourir, s'il le faut, pour vous. » On pourrait encore ajouter que nous vous rapportons l'assurance que Dieu a exaucé les vœux que vous formiez en 1820, lorsque vous répétiez : « Puissiez-vous avoir les qualités et les vertus des meilleurs de vos aïeux, le cœur de Henri IV, la piété de saint Louis, la fermeté de Louis XIV et l'amour de Louis XVI pour la liberté. » Mais si c'est à la France qu'il s'agit de répondre, nous lui dirons que nous sommes allés porter à Londres plutôt encore des vérités que des hommages ; que nous sommes entrés chez le prince les deux mains pleines de vérités et les deux mains ouvertes ; que nous avons tout dit sur la situation des hommes et des choses, sur les garanties auxquelles la liberté a droit, et que nous avons été écoutés sur tout. Nous ajouterons que nous avons vu un prince, Français d'esprit et de cœur, qui est de son siècle et de son pays, qui a le front tourné vers l'avenir et non vers les souvenirs du passé ; que nous n'avons entendu sortir de sa bouche que des paroles d'amour pour la France, de sympathie pour les libertés nationales, et qu'enfin nous en rapportons la déclaration formelle que le petit-fils de saint Louis ne voit d'avenir pour la société française que dans cet accord admirable du principe du pouvoir et du principe de la liberté, accord qui trouve sa personnification dans M. de Châteaubriand, qui les a si glorieusement proclamés.

Nous ajouterons enfin que nous, qui avons pris une part active aux affaires du pays, qui avons usé des libertés proclamées par les lois, nous avons cru de notre dignité de ne [illegible] à [illegible]dres que nous ne puissions dire, que nous n'ayons dit à Paris ; que nous avons parlé comme si la France entière nous entendait, et que nous n'avons pas plus oublié la France devant le petit-fils de Henri IV, que nous n'oublions le petit-fils de Henri IV devant la France.

Que nous parlez-vous maintenant du peuple que nous ne craignons pas et que vous craignez, car nous partageons depuis treize ans avec lui le poids des impôts que vous dévorez ; nous souffrons des plaies dont il souffre, nous protestons contre les humiliations nationales qui l'indignent? Nous ne redoutons pas plus vos menaces révolutionnaires que vos menaces juridiques ; nous vous recommandons seulement, s'il vous convient de mettre encore le bonnet rouge sur votre tête, de prendre garde de ne pas le mettre à l'envers; car avec des gens comme vous qui, depuis cinquante ans, avez si souvent retourné vos consciences et vos cocardes, le bonnet rouge doit être au dedans fleurdelysé.

N.....

LETTRE CINQUIÈME.

A M. G..., sculpteur.

Paris, le 24 décembre.

Alexandre avait, dit-on, défendu qu'aucun autre peintre qu'Appelles entreprît de faire son portrait. Je ne suis pas comme vous un des successeurs de Phidias et d'Appelles, et je ne souhaite pas au prince dont, à mon retour, je veux retracer l'image, de ressembler jamais à cet Alexandre qui devint la terreur du monde. J'aimerais mieux le voir ressembler à Titus qui en fut les délices ; ou, pour ne pas aller chercher mes objets de comparaison en dehors de sa glorieuse race, à saint Louis, Louis XII et Henri IV, qui aimèrent la France d'un amour si tendre et qui en furent si tendrement aimés. Mais si je ne suis pas un grand peintre, j'ai du moins la volonté d'être un peintre fidèle, éloigné de tout esprit de dénigrement, je n'ai pas besoin de vous le dire, et non moins éloigné de tout esprit de flatterie, j'espère qu'on me croira quand je le dirai. Flatter la prospérité, c'est plus bas et plus vil sans doute, car les flatteurs des princes puissans et prospères ont une arrière-pensée d'égoïsme et de cupidité ; mais flatter l'adversité et l'exil, c'est plus cruel. Je n'ai pas vu, j'en conviens, Henri de France pendant assez long-temps pour le peindre avec ce fini de détails qu'on aurait le droit de désirer dans un pareil portrait. Je ne ferai pas ressortir tout ce qu'il y aurait à faire ressortir, bien des nuances m'échapperont ; mais je crois pouvoir assurer que j'ai bien saisi l'ensemble, et, si je ne dis pas tout, du moins tout ce que je dirai sera vrai.

La première impression que fait éprouver la vue de Henri de France est agréable et douce. La rectitude des lignes de son beau front, qui n'a jamais été terni, on le voit, par une pensée haineuse ou déloyale, ses yeux d'un bleu vif dont l'éclat a quelque chose d'argenté, son regard pénétrant et limpide, qu'on me passe ce terme, qui peut seul rendre ma pensée, forment un ensemble rempli d'une attrayante majesté. Je ne parlerais point de cette beauté physique qui est si peu de chose chez un homme, si elle n'était pas animée par un reflet de beauté intellectuelle et morale. Je n'ai pas la moindre intention de représenter le prince comme un Apollon ou un Antinoüs, et, s'il faut dire toute ma pensée, j'aurais quelque regret d'être obligé de le peindre ainsi. Ces perfections matérielles, désirables pour un modèle, me feraient peur pour un prince qui a un autre rôle à jouer que celui d'idole. Je ne dirai donc point qu'Henri de France est un de ces chefs-d'œuvre de beauté que la nature crée dans ses heures de magnificence; ceux qui le verraient trouveraient cette peinture exagérée et censureraient avec raison la fadeur de cette louange. Je dirai plus simplement qu'à la première vue Henri de France produit l'effet d'un beau, bon et fier jeune homme, plein de feu, loyal, ardent, chez qui tout annonce l'intelligence, la force et la santé, et qui porte sa tête bourbonnienne et vraiment française avec une majesté particulière.

Je dois ajouter que la manière dont il porte sa tête fait illusion sur sa taille, à tel point qu'il est difficile de l'apprécier, d'une manière exacte, à quelque distance. La première fois que je le vis, c'était dans une des réceptions du matin, qui avaient lieu vers midi dans l'hôtel de Belgrave-Square. Au moment où mes regards le rencontrèrent, il s'entretenait avec M. Berryer, et il me parut un peu plus grand que notre illustre orateur; mais, en approchant, je reconnus bientôt que je m'étais trompé et que l'avantage que j'avais cru être du côté du prince était au contraire du côté de M. Berryer. Je renouvelai plusieurs fois cette épreuve et j'obtins toujours le même résultat. Cela vient de ce que le prince regarde toujours son interlocuteur droit au visage, et de ce que son regard loin d'éviter les regards, les recherche avec une confiance pleine d'autorité. Il y a là une illusion d'optique que je préfère, pour ma part, à la taille la plus élevée, parce que c'est un effet moral qui produit cette illusion. Du reste, la taille du prince, comme j'ai eu occasion de le dire, dépasse la petite et arrive à la moyenne; et l'on sait que la plupart des Bourbons, à commencer par Henri IV, le chef de leur maison, n'ont pas été d'une stature fort élevée. Louis XIV lui-même, qui faisait illusion par la majesté inexprimable qui respirait dans toute sa personne, n'avait pas, à beaucoup près, la taille aussi haute que celle qu'on lui prête ordinairement; le roi était plus grand que l'homme, et son siècle ne se trompa, sur ce point, que parce qu'il parut toujours la tête inclinée devant le grand roi.

En examinant HENRI DE FRANCE de plus près, je sentis la justesse d'une observation que j'avais entendu faire à M. Berryer. Il y a des instans, dans l'histoire, où les races se résument dans un homme qui porte dans ses traits quelqu'un des traits de plusieurs de ses aïeux. HENRI DE FRANCE est un de ces vivans résumés de toute une histoire. Sa figure rappelle à la fois Henri IV, Louis XIV, Louis XV et Louis XVI, et sa physionomie semble avoir emprunté à tous ces princes quelqu'un de leurs traits sans qu'on puisse dire qu'il soit le calque d'aucun d'entre eux. J'ai vu de beaux portraits de Louis XV dans toute la fleur de la jeunesse, qui ne sont pas sans analogie avec la figure de HENRI DE FRANCE pour la pureté des lignes et l'éclat éblouissant du teint; mais cette ressemblance est modifiée par des traits empreints de la vigueur et de la vivacité de Henri IV, d'autres qui rappellent la majesté de Louis XIV, d'autres enfin où respire la bonté de Louis XVI.

Les cheveux de HENRI DE FRANCE sont d'un blond doux et doré; ils sont rejetés de côté de manière à laisser à découvert un front vaste et d'une pureté de lignes remarquable; ils retombent en arrière comme sur le beau médaillon en bronze sorti de vos mains, seulement les mèches sont coupées moins symétriquement. Un collier de barbe d'un blond doux et cendré entoure l'ovale gracieux de son visage; je ne crois pas avoir vu ailleurs une nuance de cheveux semblable. Un sourire aimable et bienveillant vient souvent animer la bouche du prince, sans cependant errer perpétuellement sur ses lèvres; ce n'est pas une habitude de physionomie, c'est le reflet des sentimens qui naissent dans son cœur quand il vient à parler à quelqu'un qui arrive du tant doux pays de France. Son nez est bourbonnien, mais d'une forme moins prononcée que dans les portraits qui nous restent de Louis XIV. Il a le col bien attaché, la poitrine bien effacée et puissante, les épaules larges et tous les symptômes d'une organisation vigoureuse.

J'ai entendu dire que le prince était parfaitement bien à cheval; mais je ne l'ai point vu ainsi. Il n'avait pas de chevaux à lui à Londres, et il disait qu'à la différence des villes d'Allemagne, il était presqu'impossible de s'en procurer de supportables. Mais on sait que, dans les fêtes qui lui ont été données dans plusieurs châteaux, il a fait ses preuves comme cavalier, et on l'a vu galoper à la tête d'une chasse et arriver au moment où le renard était forcé. Je ne dissimulerai pas que, dans cette circonstance, le prince était probablement beaucoup moins préoccupé du plaisir de forcer le renard, que de la nécessité de répondre en action aux renards du juste-milieu qui ont partout répandu le bruit que, de sa vie, il ne remonterait à cheval. Si je ne puis montrer HENRI DE FRANCE à cheval, j'essaierai de le montrer dans d'autres situations : dans les réceptions publiques, dans les audiences particulières, à sa table où il aimait à s'entourer de Français, enfin dans la maison de Dieu.

Dans les réceptions publiques, il y a naturellement plus de gêne que partout ailleurs, et les réceptions du matin, où l'on présentait au prince les nouveaux arrivans, avaient surtout ce caractère. C'étaient, chaque jour, cinquante ou soixante nouveaux visages avec lesquels il fallait faire connaissance. Dans ces occasions, le prince montre beaucoup de dignité unie à beaucoup de bienveillance; mais, dans les réceptions du soir, il se livre davantage. On voit que la première glace est rompue, que la connaissance est faite, et que HENRI DE FRANCE a hâte de traiter en amis ceux qu'il ne connaît personnellement que depuis le matin, mais dont les principes et les sentimens lui sont depuis long-temps connus. Combien nous aimions à le voir traverser les deux salons de Belgrave-Square avec un sentiment de joie si touchant! On ne pouvait se tromper à l'expression de bonheur qui resplendissait sur son visage; il était heureux de se trouver au milieu de tant de Français, et il se plaisait à se mêler à eux comme pour respirer l'air de France qu'ils avaient apporté. Nous nous étonnions tous qu'un prince, élevé dans l'isolement d'un lointain exil, pût ainsi soutenir, chaque soir, les regards de quatre cents personnes attachés sur lui; que, sans timidité, sans hésitation, il allât à chacun et à tous, trouvant une parole pour ceux devant lesquels il passait, ayant une consolation pour les douleurs de ses amis, une félicitation pour leur joie, un sourire bienveillant pour l'un, un geste amical pour l'autre, un accueil plein de bonté pour tous. Chose remarquable et que nous ne devons pas omettre! Malgré le nombre considérable des visiteurs qui affluaient à l'hôtel de Belgrave-Square, HENRI DE FRANCE s'apercevait des absences; et, quand quelqu'un manquait pendant plusieurs jours à ces réunions, il s'empressait de lui reprocher, en termes bienveillans, son peu d'assiduité. Le prince a donc ce coup d'œil qui distingue le détail dans l'ensemble. Ceux qui sont présens sont les bienvenus et les absens ne sont pas oubliés; les arrivans trouvent un bienveillant accueil, les partans emportent un bienveillant adieu. Le bon et brave Lavillate, qui est si avant dans le cœur du jeune prince, peut en rendre témoignage. S'apercevoir, au milieu du tourbillon d'une réception, qu'un fidèle et loyal serviteur qui repart le lendemain pour la France, sort du salon, traverser rapidement la foule des visiteurs, l'atteindre, le saisir par le bras sur la seconde marche de l'escalier, descendre avec lui, le prendre dans ses bras avec des paroles d'une vive et brusque amitié et des reproches remplis d'une tendresse cordiale, c'est là plus que de la présence d'esprit, c'est de la présence de cœur. Aussi fallait-il voir comme nous étions touchés de ces adieux à la Henri IV! Crillon, je veux dire Lavillate, en avait la figure en larmes, et ses belles moustaches blanches en étaient tout humectées.

C'est dans ces occasions où le prince traverse rapidement un salon, qu'on peut mieux se rendre compte de l'effet produit sur sa démarche par sa chute. Il n'a pas ce mouvement de claudication désagréable à l'œil, qui vient de l'inégalité de longueur des deux jambes; mais il a encore une raideur prononcée dans sa jambe qu'il s'est cassée. Il paraît que cette raideur vient du genou, dont l'articulation, privée de mouvement par l'appareil dans lequel la jambe du prince a été long-temps enfermée, n'a pas encore repris son élasticité première. Tous les médecins assurent que ce n'est qu'une affaire de temps, et, parmi les Français qui se trouvaient à Belgrave-Square à la même époque que nous, il y en avait un (M. de Saint-Amand, je crois) qui racontait avoir eu la même fracture et en avoir conservé, pendant quelque temps, le même inconvénient, qui s'était complètement dissipé depuis, comme nous pûmes nous en convaincre par nos yeux. Du reste, cette raideur n'empêche pas le prince de faire de longues marches. Il disait, en plaisantant, que lorsqu'il marchait devant des Français à qui la raideur de sa jambe faisait trop de peine, il pouvait, en se forçant, marcher dès à présent comme tout le monde; mais il priait en même temps ceux à qui il faisait cette confidence, de ne pas se mettre au nombre de ces Français.

Lorsque Henri de France reçoit des Français à sa table, sa dignité habituelle est tempérée par une familiarité charmante. Il a toutes les bonnes grâces d'un hôte; il cause naturellement et sur toutes les matières, et sa conversation, tour à tour sérieuse et en jouée, met tout le monde à l'aise. Nous l'avons entendu raconter gaillardement sa chute, prendre sur lui les torts de son cheval, et parler avec une tristesse franche et cordiale du malheureux accident qui a terminé la vie de son cousin, M. le duc d'Orléans. Mais il ne pouvait s'empêcher de rire un peu de la terreur profonde que son voyage causait au juste-milieu, et il paraissait peu disposé à lui donner satisfaction sur ce point. Les ladreries de M. de Montalivet, ce Jean-des-Habiletés de la liste civile, l'égayaient aussi, quoique, par un sentiment de convenance, il réprimât le sourire imperceptible qui naissait sur ses lèvres, et l'on voyait bien qu'il était de l'école des princes que Bossuet a loués et qui croient perdre tout ce qu'ils ne donnent pas. C'est surtout dans ces réunions peu nombreuses qu'on peut voir combien Henri de France a le caractère naturellement vif, ouvert, franc et enjoué. Hélas! l'exil a jeté sur ce caractère une nuance de mélancolie qui devient visible dès qu'on lui rappelle la France. La France manque à sa gaîté, qui aurait quelque chose de celle de Henri IV, si l'aspect de la patrie ne lui manquait pas. Quand il parle de son pays, c'est avec des paroles si tendres et un accent si doux, que tous les cœurs en sont touchés. Il sympathise avec toutes ses souffrances, et il plaint tous ceux qui y souffrent. Nous avons vu son front se rembrunir au récit des tortures des républicains du Mont-Saint-Michel, et c'est alors qu'il faisait observer qu'il n'y avait pas de loi humaine qui condamnât et qui pût condamner des hommes à l'idiotisme et à la folie. Il manquerait quelque chose à cette partie du portrait de Henri de France, si nous ne disions pas un mot de sa politesse chevaleresque avec les femmes; elle est moins vive que celle du Béarnais, et, par le mélange de la courtoisie et du respect, elle tient plutôt de celle du grand roi, qui ne rencontrait jamais une femme, à Versailles ou aux Tuileries, fût-ce une femme de service, sans ôter son chapeau. On comprend ce sentiment dans le cœur de Henri de France : il doit être reconnaissant envers le sexe qui lui a donné une sainte pour tante, un ange pour sœur et une héroïne pour mère.

Mais c'est surtout dans les audiences particulières qu'on peut mieux apprécier le petit-fils de Henri IV. Dans les réceptions, il faut parler peu à chacun pour parler à tous. Alors même qu'on s'assied à la table du prince, la conversation doit conserver un caractère général, toucher beaucoup de sujets sans les approfondir, passer du plaisant au sévère, s'approprier à tous les convives:

et, dans cette mêlée, il est assez difficile de distinguer la part que chacun apporte. Mais le dialogue est un duel : parole contre parole, intelligence contre intelligence ; pas d'intermédiaire qui se mette en travers d'une question, pas de phrase incidente qui détourne du but et permette, à celui des interlocuteurs qui ne veut pas y arriver, de prendre une route de traverse pour s'échapper. Aussi était-ce à l'épreuve des audiences particulières qu'on attendait HENRI DE FRANCE. Là il faut se livrer et payer de sa personne. C'est ce qu'HENRI DE FRANCE a fait ; et tant de Français qui se sont trouvés avec lui seul à seul, sont sortis de ces entretiens heureux et satisfaits, et de ce qu'ils avaient entendu et de ce que le jeune prince avait su entendre. Ecouter, c'est la première qualité des princes, parce qu'ils doivent se dire que tout homme avec lequel ils se trouvent doit savoir plus de vérités qu'ils n'en savent; attendu que personne n'a jamais eu intérêt à cacher aux simples particuliers le véritable état des choses, et aussi parce que les simples particuliers vivent, dès leur enfance, au milieu des faits que les princes ignorent. Or, HENRI DE FRANCE a prouvé, dans toutes ses audiences, qu'il avait cette science qui, pour les princes, est la source de toutes les sciences, la science d'écouter. Dans ces entretiens, qui roulaient tous sur les affaires de France, et où les grands mots du siècle, les mots d'égalité et de liberté, arrivaient, sous toutes les formes, aux oreilles du prince, où la véritable situation du pays se déroulait sous ses yeux sans qu'aucune des difficultés fût déguisée, où les hommes de la droite venaient commenter à leur tour cette noble parole: *Tout pour la France et par la France*, le prince était attentif, sérieux, recueilli. Il n'interrompait jamais, à moins qu'on n'élevât une difficulté qu'il fallût résoudre; et alors il donnait cette solution en quelques mots clairs, bien choisis et décisifs. Puis, quand on avait tout dit, il prenait la parole à son tour pour adhérer à tout ce qu'il y avait de généreux, de national, de vraiment libéral dans ce qu'on lui avait dit. Dans ces occasions, sa parole, tour à tour grave et animée, annonce que la solidité du jugement n'exclut pas chez lui les mouvemens de l'âme. Il ne raisonne pas seulement, il s'émeut, il s'indigne ; on sent qu'il a des entrailles, un cœur, une volonté ; en un mot qu'il est homme.

Pour terminer et couronner ce portrait, je voudrais pouvoir retracer l'image du petit-fils de saint Louis, tel qu'il nous apparut lorsqu'il entra dans la petite chapelle de King-Street, remplie de Français qui y étaient accourus pour mêler leurs prières aux siennes. Le jeune prince qui, depuis son arrivée en Angleterre, n'a pas commis une faute, n'a pas prononcé une parole qui puisse être tournée contre lui, avait expressément défendu qu'aucune manifestation fût faite dans la maison de Dieu, où il n'y a plus de grandeur humaine; car toutes les têtes sont de niveau devant la majesté divine, et Dieu est si fort au dessus de la créature que, devant lui, nous sommes tous égaux et tous également petits. Il entre le front armé d'une sévérité inaccoutumée; sa figure grave et recueillie impose le respect; c'est le descendant des rois très chrétiens qui donne à tous l'exemple du recueillement et de la gravité qu'on doit garder en présence de Dieu. Point de cortége, point de cérémonial; trois personnes seulement avec lui, mais parmi ces trois personnes il y en a une qui s'appelle Châteaubriand. Evoquez autour de ce beau spectacle les souvenirs du passé, les malheurs illustres qui remplirent autrefois cet humble oratoire après l'avoir bâti avec les deniers prélevés sur les misères de l'exil; voyez Châteaubriand, l'éloquent déplorateur de la mort du duc de Berry, élevant vers Dieu son cœur et ses prières pour le fils de la victime du 13 février, et donnant au nouvel univers, qu'il a vu poindre dans ses entretiens avec le descendant des rois, la bénédiction du génie, et vous comprendrez que jamais HENRI DE FRANCE ne nous parut plus grand que dans cette occasion où il se montrait si oublieux des grandeurs de sa race et si humble devant Dieu.

N.....

Ces lettres représentent assez complètement les impressions que j'ai rapportées de mon voyage de Londres. Quand nous y arrivâmes, HENRI DE FRANCE venait de dire à M. de Châteaubriand que si Dieu le rappelait dans sa patrie, il n'aurait qu'une ambition, celle de la servir en appliquant les principes et en mettant en action les sentimens que ce grand écrivain avait si glorieusement proclamés; quand nous partîmes, HENRI DE FRANCE venait d'écrire à M. de Châteaubriand la belle lettre où, développant et précisant les termes de son allocution, il lui parlait de l'inviolabilité des libertés nationales. Ce fut entre ces deux mots que notre voyage vint s'encadrer (1).

---

(1) Nous citerons ici l'allocution prononcée par le petit-fils de saint

Tout ce que nous vîmes, tout ce que nous entendîmes à Londres fut en rapport avec ces deux manifestations et servit à soulever encore un coin du voile de ce nouvel univers que M. de Châteaubriand, avec sa parole de prophète, a publiquement annoncé en revenant parmi nous, au grand scandale de ceux qui se sont habitués à se faire une si médiocre idée de la France, qu'ils ne veulent

---

Louis chez M. de Châteaubriand, et les deux lettres qui ferment si admirablement le voyage de Henri de France à Londres ; la première, adressée par le descendant des rois très chrétiens à M. de Châteaubriand ; la seconde, adressée par M. de Châteaubriand au descendant des rois très chrétiens. On peut dire qu'avec ces deux lettres et les paroles prononcées par le prince quelques jours auparavant, la France peut lire dans le cœur et dans l'âme de Henri de France aussi parfaitement que ceux qui ont l'honneur de le voir tous les jours. Tous les mots importans sont prononcés. On connaît les principes du petit-fils de Henri IV, ce sont ceux de M. de Châteaubriand ; ses sentimens sont les mêmes que ceux de cet homme illustre, qui n'a jamais séparé ses convictions monarchiques de son amour pour la liberté ; enfin le prince prononce le grand mot de *libertés nationales*, qui indique qu'à ses yeux les droits de la nation sont aussi sacrés que ceux de la royauté. Il n'y a rien de changé dans les faits, nous le savons ; mais désormais les calomnies deviennent impossibles, et la France sait tout ce qu'elle doit savoir.

Voici l'allocution de Henri de France aux Français réunis chez M. de Châteaubriand :

« Messieurs, j'ai appris que vous étiez réunis dans les appartemens de M. de Châteaubriand, et j'ai voulu venir ici vous rendre votre visite. Je suis si heureux de me trouver au milieu des Français ! J'aime la France, parce que la France est ma patrie, et si jamais mes pensées se sont dirigées vers le trône de mes ancêtres, ce n'a été que dans l'espoir qu'il me serait possible de servir mon pays avec ces principes et ces sentimens si glorieusement proclamés par M. de Châteaubriand, et qui s'honorent encore de tant et de si nobles défenseurs dans votre terre natale. »

Voici les deux lettres qui ferment le voyage de Londres :

« Londres, le 4 décembre 1843.

» Monsieur le vicomte de Châteaubriand, au moment où je vais avoir le chagrin de me séparer de vous, je veux vous parler encore de toute ma reconnaissance pour la visite que vous êtes venu me faire sur la terre étrangère, et vous dire tout le plaisir que j'ai éprouvé à vous revoir et à vous entretenir des grands intérêts de l'avenir.

plus comprendre que lorsqu'elle change tout change avec elle, et que le monde est vide quand elle n'y remplit plus la mission qui lui appartient.

Tous ceux qui avaient fait le voyage de Londres semblaient s'être entendus sans s'être concertés, pour apporter, comme tribut, au jeune prince, quelque grande vérité relative à la situation de leur

---

En me trouvant avec vous en parfaite communion d'opinions et de sentimens, je suis heureux de voir que la ligne de conduite que j'ai adoptée dans l'exil, et la position que j'ai prise, sont en tous points conformes aux conseils que j'ai voulu demander à votre longue expérience et à vos lumières. Je marcherai donc avec encore plus de confiance et de fermeté dans la voie que je me suis tracée.

» Plus heureux que moi, vous allez revoir notre chère patrie. Dites à la France tout ce qu'il y a dans mon cœur d'amour pour elle. J'aime à prendre pour mon interprète cette voix si chère à la France, et qui a si glorieusement défendu, dans tous les temps, les principes monarchiques et les libertés nationales.

» Je vous renouvelle, Monsieur le vicomte, l'assurance de ma sincère amitié,

» Henri. »

« Londres, le 5 décembre 1843.

» Monseigneur,

» Les marques de votre estime me consoleraient de toutes les disgrâces; mais, exprimées comme elles le sont, c'est plus que de la bienveillance pour moi, c'est un autre monde qu'elles découvrent, c'est un autre univers qui apparaît à la France.

» Je salue avec des larmes de joie l'avenir que vous annoncez. Vous, innocent de tout, à qui l'on ne peut rien opposer que d'être descendu de la race de saint Louis, seriez-vous donc le seul malheureux parmi la jeunesse qui tourne les yeux vers vous?

» Vous me dites que, plus heureux que vous, je vais revoir la France : *plus heureux que vous!* c'est le seul reproche que vous trouviez à adresser à votre patrie. Non, prince, je ne puis jamais être heureux tant que le bonheur vous manque. J'ai peu de temps à vivre, et c'est ma consolation. J'ose vous demander, après moi, un souvenir pour votre vieux serviteur.

» Je suis, avec le plus profond respect,

» Monseigneur, de Votre Altesse Royale,

» Le très humble et très obéissant serviteur,

» Chateaubriand. »

pays. Nous avions choisi pour notre part la question qui nous paraît la plus grave dans notre époque, celle de l'égalité. Nous essayâmes d'exposer au prince comment, à notre avis du moins, cette question était le principal obstacle aux progrès des hommes de la droite en France, et comment la liberté elle-même n'était guère que l'épée à l'aide de laquelle on conquiert l'égalité quand elle n'existe pas, et le bouclier à l'aide duquel, une fois conquise, on la couvre et on la conserve. Nous crûmes répondre à son vœu le plus cher en ne cherchant à lui donner aucune illusion. Nous lui dîmes donc que par dessus tout la majorité craignait une commotion en France; que, quel que fût le poids des impôts, quelles que fussent les blessures faites à notre honneur national, les maux qui pouvaient résulter d'un grand ébranlement politique paraissaient plus redoutables encore que ceux qu'on endurait, et que là était la première force du *statu quo*. Nous ajoutâmes que ce n'était pas la seule cependant. Si les charges allaient toujours en croissant, comme on devait le craindre, si l'influence de la France allait toujours en s'amoindrissant à l'extérieur, il était indiqué que le moment arriverait où la société française songerait à pourvoir à son salut par des voies régulières, pacifiques et légales; mais dans ce cas même, elle serait arrêtée par un nouvel obstacle qui était, à parler vrai, la seconde force du *statu quo* (1). Alors je dis au prince qu'on craignait toujours en France le retour des hommes de la droite aux affaires, comme devant s'opérer par l'étranger et favoriser les prétentions de la classe nobiliaire.

Henri de France m'interrompit vivement. Il rappela avec énergie les paroles qu'il avait en différentes occasions prononcées contre toute pensée de recours à l'étranger; puis il ajouta, comme je l'ai rapporté dans une des lettres écrites de Londres, qu'il ignorait le sort que lui réservait la Providence, mais qu'il était et qu'il serait toujours convaincu qu'un roi de France ne devait pas être le roi d'un parti, le roi d'une classe, mais le roi de tous.

« — Je le sais, Monseigneur, repris-je alors; vous avez fait » beaucoup. Vos paroles à M. de Châteaubriand sont bonnes et » belles. A la tribune, dans la presse, nous avons fait aussi ce que » nous avons pu pour laver les hommes de la droite d'une accusa-

---

(1) Par *statu quo* nous entendons le maintien de la loi électorale qui est la base du système doctrinaire.

» tion injuste et défendre V. A. R. contre une calomnie. Maintenant nos assertions auront plus de puissance. On ne nous dira » plus ce que l'on a dit souvent : « Oui, vous peut-être, vous ne » voulez pas de despotisme, pas de privilége, pas de recours à l'é- » tranger, mais qui nous assurera que le duc de Bordeaux pense » comme vous, qu'il ne vous renie pas. » On ne pourra plus, » après vos paroles à M. de Châteaubriand, nous présenter cette » objection. Cependant, Monseigneur, tout ce que vous avez dit, » tout ce que nous avons fait, ne suffit pas encore. »

Le prince paraissait écouter avec intérêt cet exposé de la situation ; je continuai à peu près en ces termes :

« Nos adversaires ont trouvé un nouvel argument qui a de la » force. Ils nous disent : « Vous parlez de faire prévaloir vos idées » en France par la France ; mais qu'êtes vous en France ? qu'y » pouvez-vous ? A la chambre vous envoyez vingt-six députés ; » votre presse n'arrive guère dans les masses, le nombre de ses » lecteurs est circonscrit ; vous n'êtes que par exception dans les » municipalités et dans les conseils-généraux ; nous ne voyons à au- » cun signe que vous ayez un grand ascendant moral sur l'opi- » nion. Nous soutenons que vous voulez arriver par l'étranger, » parce qu'il est évident que vous ne pouvez arriver par le pays, » et que, voulant arriver, il faut bien que vous suiviez la voie qui » vous conduit au but. Nous maintenons de même que votre succès » politique tournerait au profit de l'aristocratie et serait exploité » par elle, et voici notre raison. La noblesse reste, en général, sé- » parée du pays, elle reste en même temps attachée à vos idées. » Si vos idées prévalaient, la noblesse arriverait avec elles, ferait » de leur triomphe son triomphe et vous séparerait du pays dont » elle est séparée. Puisqu'elle ne cherche pas à acquérir de l'in » fluence dans la société, il est clair qu'elle se réserve pour cette » chance. »

» — Cet argument est fort, Monseigneur, continuai-je, et il n'y » a pour les hommes de la droite qu'un moyen d'y répondre : c'est » d'acquérir dans le pays une influence assez grande pour qu'il » demeure évident, aux yeux de tous, que les hommes de la droite » peuvent arriver par le pays et par le mouvement régulier des » institutions. Alors personne ne les croira assez stupides ni assez » misérables pour vouloir faire par l'étranger ce qu'on verra bien » qu'ils peuvent faire par le pays ; pour vouloir faire, par des » moyens onéreux et humilians pour la France et pour eux-mê-

» mes, ce qu'ils pourront faire par des moyens tout à la fois plus » avantageux et plus honorables. »

Ici Henri de France m'interrompit encore. Il me dit que j'avais raison, qu'il pensait et disait à tous qu'il fallait acquérir en France une influence légitime, honorable, en rendant des services aux localités et à la société tout entière; qu'il était si tendrement attaché à sa patrie, que les services qu'on lui rendait, il les regardait comme rendus à sa personne. Le prince insista avec chaleur sur cette idée, et il termina, en résumant ce qu'il m'avait dit, par ces paroles significatives : « Il n'y a qu'une politique pour les roya- » listes, c'est de devenir les hommes de la France. »

Henri de France avait prévenu ma pensée. Je profitai de ses dernières paroles pour développer ce qu'elles contenaient d'une manière sommaire. Je déroulai sous ses yeux le tableau des moyens d'influences dont les royalistes disposeraient quand ils voudraient s'en servir. Je dis les avantages qu'on pourrait tirer des salons politiques pour raviver l'opinion nationale; je parlai de la littérature arrachée aux mauvais conseils de l'isolement et aux fâcheuses tendances de l'esprit individuel; je montrai les arts trouvant la protection qui leur manque; tous les hommes de science et d'intelligence accueillis, et les hommes de la grande propriété conspirant avec eux pour enlever le pays à l'ascendant des basses influences de la peur et de la corruption. Je n'eus garde d'omettre les services que la grande propriété pouvait rendre aux classes populaires dans les questions agricoles, commerciales et industrielles; ce qu'elle pouvait faire pour l'amélioration intellectuelle et morale de la partie la plus nombreuse de la population, en propageant partout l'admirable institution des Frères de la doctrine chrétienne. Je dis ensuite avec combien d'avantages les hommes de la droite, ainsi posés, parleraient à l'opinion par la voix de la presse qu'ils devaient partout soutenir, car leur presse est leur parole vivante, et ils n'ont plus que la parole dans cette société dont toutes les positions leur ont été enlevées. Je les montrai réclamant avec une nouvelle autorité la réforme de cette loi d'élection qui exclut la tête et le bras de la société et n'en admet que le ventre, et j'opposai à ce grand spectacle le misérable tableau qu'offrirait l'opinion monarchique si elle s'isolait, si elle se tenait à l'écart, si elle manquait à la France. — « Votre Altesse Royale, » poursuivis-je, « a » été bien forcée d'aller à Goritz, on l'y a mise. Mais malheur aux » hommes de la droite s'ils se faisaient des Goritz à l'intérieur, en

» se condamnant à l'isolement, à l'inaction! Ils se perdraient et ils » compromettraient, en se perdant, l'avenir de ce pays. »

J'avais parlé au prince avec une grande chaleur, et l'intérêt avec lequel il m'écoutait ne s'était pas démenti un instant. Je ne voulus pas lui laisser croire que la chaleur de mon langage pût être attribuée à ce misérable sentiment de jalousie qu'excite, dans quelques âmes vulgaires, la supériorité d'illustration qui entoure les grands noms des familles antiques. Il faut avec l'aide de Dieu avoir la noblesse du cœur, et honorer chez les autres la noblesse de race, alors même qu'on ne l'a pas reçue en partage, car elle est le plus souvent le prix des services rendus au passé et un engagement envers l'avenir. « — Monseigneur, » dis-je au prince, « je prie V. A. R. de ne pas croire que, pour parler comme je » parle, je sois un niveleur. Je n'ai pas l'honneur d'être gentil» homme, mais je respecte et j'honore infiniment la noblesse, à » une seule condition cependant, c'est qu'au dessus de toutes les » devises particulières à chaque écusson, on lira toujours celle-ci » qui est commune à la noblesse tout entière : *Noblesse oblige*. » Maintenant, plus que jamais, cette devise doit être présente à » tous les esprits, car le temps qui change tout dans sa course ra» pide, rend nécessaire une nouvelle transformation des hautes » classes de la société. Autrefois, elles s'appelaient la féodalité, et » les rois vos ancêtres ont été obligés de les déraciner de terre pour » les vaincre. Depuis Louis XIV, elles sont devenues une brode» rie au bas du manteau royal. La broderie, trop lourde, a fait » tomber le manteau royal des épaules de votre grand-oncle » Louis XVI, dans quel lieu sinistre, vous le savez, comme elle le » ferait tomber encore une fois, si une fois encore elle était atta» chée au bas de ce manteau. Il importe donc que les classes supé» rieures, au lieu d'être un ornement, deviennent une force, et, » pour cela il faut qu'elles s'infusent elles-mêmes dans les veines » du pays, qu'elles ravivent leurs racines dans le sol national. Il » faut que les gentilshommes méritent leur titre *gentis homines*, » les hommes de la nation. Jadis leur poitrine bardée de fer était » la cuirasse du pays ; maintenant, Monseigneur, que nous avons » conquis tous le droit de nous faire tuer pour la France, il im» porte que ceux qui naissent avec de vastes propriétés, les tradi» tions historiques d'un grand nom et des devoirs héréditaires en» vers la France, soient les hommes de la nation d'une autre » manière, en défendant les intérêts qu'on ne peut défendre, en

» favorisant les progrès qu'on ne peut favoriser que lorsqu'on se » trouve dans les conditions où les premières classes de la société » sont seules placées. »

Tel fut en substance mon entretien avec HENRI DE FRANCE. Après y avoir long-temps réfléchi, j'ai cru que c'était un droit que de le publier, que c'était même un devoir. Il est bon que l'opinion apprenne, par des récits de ce genre, ce que les hommes de la droite disaient à Londres pendant que le ministère les faisait représenter dans ses journaux, des deux côtés du détroit, comme des courtisans qui allaient donner des comédies de grands et petits levers, et opposer les baise-mains de l'hôtel de Belgrave-Square aux baise-mains des nouvelles Tuileries. Singuliers courtisans dont M. de Châteaubriand était le chef et le conducteur! Il est bon aussi et de plus il est juste que l'opinion publique sache de quels sujets s'occupait HENRI DE FRANCE pendant qu'on le représentait comme s'enivrant de vaines adulations, et se nourrissant d'illusions sur le véritable état de notre pays.

Le petit-fils de Henri IV m'avait écouté avec une attention bienveillante et approbatrice. Il m'avait adressé en outre des paroles pleines de bonté et témoigné sa satisfaction au sujet de *l'Exposition royaliste* et de *l'Appel aux royalistes contre la division des opinions*. Les derniers mots que j'entendis sortir de sa bouche furent ceux-ci : « Union et action. » Ces deux mots, joints à l'allocution adressée à M. de Châteaubriand lors de son arrivée, et à la lettre qu'il reçut en partant, me parurent résumer admirablement tout le voyage de Londres, et, comme en même temps ils pouvaient servir d'épigraphe à *l'Appel aux royalistes contre la division des opinions*, la pensée de raconter les impressions que j'avais rapportées de Londres, en tête d'une seconde édition de ce livre, me vint naturellement à l'esprit.

Union et action pour faire prévaloir les sentimens et les principes de M. de Châteaubriand, comme il est dit dans l'allocution du prince, ou, comme il est dit plus explicitement encore dans la lettre, l'alliance des idées monarchiques et des libertés nationales : voilà la conclusion de tout ce que j'ai entendu à Londres. *L'Appel aux royalistes* étant un effort tenté pour réaliser cette union dans l'unité de la monarchie et des libertés nationales, et pour la faire aboutir à une action tout à la fois légale et efficace, j'ai cru que la seconde édition de cet ouvrage ne pouvait pas avoir d'introduction plus complète et plus convenable que celle que je viens de lui donner, et d'épigraphe plus belle que ces deux paroles de HENRI DE FRANCE : « Union et action. » Il importe en effet que les hommes de la droite se le disent : tout n'est pas fait avec le voyage de Londres, et c'est en France, c'est envers la France que sont leurs grands devoirs. Il ne faudrait pas qu'on pût croire qu'ils sont seulement des hommes d'affection et de sentimens royalistes, il faut qu'on voie qu'ils sont avant tout les hommes des affaires du pays et que, quand il s'agit de servir la France, ils ne savent pas seulement parler, mais qu'ils savent agir. A leur retour, ils retrouvent le faix de la situation qui pèse sur leur patrie ; les fortifications suspendues comme une menace sur des libertés déjà décimées, l'alliance anglaise qui, comme la tunique de Déjanire, s'incorpore à la France pour la dévorer, l'impuissance et les humiliations de notre cabinet au dehors, l'énormité des budgets ordinaires et extraordinaires s'accroissant par l'énormité des dépenses imprévues et non votées, la centralisation aggravant son omnipotence arbitraire dont le poids commence à devenir insupportable aux provinces, la corruption étendant sa gangrène, le monopole électoral produisant l'insuffisance et l'inertie parlementaire, tranchons le mot, la décadence de la France faisant chaque jour de déplorables progrès ; voilà les ennemis, voilà les obstacles qu'il faut vaincre. Nous avons redit ce que nous avions à redire à notre retour de Londres ; la session s'ouvre : maintenant notre place est sur le champ de bataille où l'on se bat pour la France.

PRÉFACE.

En écrivant le dernier livre de *l'Exposition Royaliste,* l'auteur avait été frappé de l'utilité qu'il y aurait à retracer l'histoire de l'opposition de la droite sous toutes ses formes, depuis 1830. Cette pensée, qu'il fut alors détourné de réaliser immédiatement, par l'inconvénient qu'il trouvait à donner de nouveaux développemens à un livre déjà fort long, lui est revenue depuis qu'une vive et ardente polémique s'est élevée dans le sein de l'opinion royaliste. Il a cru qu'il était d'autant plus utile de chercher, dans l'histoire de la conduite qu'ont suivie les diverses nuances de cette opinion pendant ces treize dernières années, s'il y avait entre elles des raisons de séparations tellement graves qu'elles ne pussent revenir à l'unité, et c'est le résultat de ce travail d'investigation politique qu'il vient soumettre à ses amis.

Il ne se dissimule point qu'il y aurait quelque présomption à intervenir comme arbitre dans ce grave débat; aussi telle n'est point sa prétention. Il a voulu seulement placer sous tous les yeux le dossier des pièces qui peuvent mettre chacun à même de former un jugement exact, et surtout et avant tout, il a voulu favoriser le rétablissement de l'union dans le sein de l'opinion royaliste pour l'avenir, union qui est pour cette opinion un devoir envers elle-même, et qui devient, de jour en jour, un devoir plus sacré envers le pays.

On peut dire avec vérité, en effet, que les royalistes se trouvent dans un de ces momens décisifs où les armées rappellent à elles les corps qu'elles ont engagés, afin de concentrer toutes leurs forces pour l'heure de la crise. La crise dont nous voulons parler, c'est celle où entre naturellement la société quand le découragement s'empare des corps politiques et que les partis, désenchantés de leurs utopies, désespèrent de leurs principes; quand il y a, au dedans et au dehors, des causes profondes de malaise social et d'irritation nationale, et que les garanties de sécurité, déjà insuffisantes, deviennent de plus en plus précaires. Les forces qu'il s'agit de concentrer, ce sont les forces morales d'une opinion, pour les porter à la fois sur le terrain d'une opposition sérieuse, efficace et légale, au secours de l'ordre et de la liberté. Il est nécessaire, pour atteindre ce but, de montrer aux deux grandes fractions de cette société, à celle qui se préoccupe surtout des intérêts de l'ordre, comme à celle qui est plus vivement frappée des périls de la liberté, il est nécessaire de leur montrer, non plus seulement des royalistes, mais l'opinion royaliste toute entière, agissant collectivement, combinant et coordonnant ses efforts de manière à faire entrer, dans tous les esprits, la conviction que la société française n'est pas dans la triste alternative de renoncer à sa liberté et à l'influence légitime qui lui appartient dans les affaires générales de l'Europe, pour conserver l'ordre matériel ; ou de renoncer à l'ordre matériel et à la sécurité intérieure, pour obtenir une liberté agitée au dedans et exercer une action fébrile et convulsive au dehors ; mais qu'il y a encore un terrain sur lequel elle peut à la fois ob tenir satisfaction pour ces deux grands intérêts. Une pareille démonstration résultant de l'action royaliste, est nécessaire pour les hommes de la droite, plus nécessaire encore pour cette société, car, avec cet éparpillement infini des hommes et des choses, on ne sait ce qui adviendrait si, en face des éventualités de l'avenir, on ne voyait pas se poser un groupe puissant d'hommes unis par la communauté des mêmes doctrines et des mêmes idées, et prêts à ouvrir leurs rangs à tous ceux qui voudront coopérer à leur œuvre de patriotisme, de sagesse et de prévoyance.

S'il fallait encore une raison pour expliquer cet appel, et motiver une intervention toute pacifique dans ce débat, l'auteur pourrait faire observer qu'il a été naturellement amené par le cours des choses à la démarche qu'il fait aujourd'hui. Des personnes honorables et exerçant une influence légitime sur les esprits dans notre opinion, l'ayant invité à concourir au rétablissement de l'unité du parti royaliste, en prenant la direction d'un journal qu'elles mettaient à sa disposition, il a été à même, dans les nombreuses conférences qu'il eut alors avec ces personnes, d'étudier et d'apprécier les points sur lesquels pouvaient porter les dissidences. S'il n'a pas pu accepter la proposition des hommes honorables dont il s'agit, parce que la majorité du comité électoral dont ils étaient membres, ne mettait pas, selon lui, assez de netteté et assez de précision dans l'expression publique des principes royalistes, et qu'elle ne développait pas d'une manière assez large le drapeau qu'on lui proposait de porter, il a cru que c'était cependant un devoir pour lui de remplir, selon ses forces, en toutes circonstances, la mission qui était venue le chercher. C'est ce qu'il a commencé à faire en écrivant la lettre suivante au journal *la France*, pour rétablir l'exactitude des faits quant aux rapports qu'il avait eus avec les personnes qui composent le comité électoral de Paris.

A M. le Rédacteur de LA FRANCE.

« Paris, 8 mai 1842.

» Monsieur,

» J'aurais désiré pouvoir continuer à garder le silence sur l'affaire dont vous avez entretenu vos lecteurs. Si j'ai mérité par quelque côté la marque de confiance que les personnes éminentes de notre parti dont vous parlez avaient bien voulu me donner en m'exprimant le désir de me voir prendre la direction de *la Quotidienne*, c'est par le chagrin profond que m'ont toujours fait éprouver les divisions des royalistes, c'est par la ferme résolution de faire en tout temps ce qui serait en mon pouvoir pour prévenir ces divisions ou les faire cesser. Cette disposition d'esprit, qui explique la démarche qu'on a faite auprès de moi, vous expliquera en même temps la répugnance avec laquelle je romps le silence que je m'étais imposé. Mais il y a, dans l'article où mon nom est prononcé, des paroles que je ne laisserai jamais sans réponse, de quelque part qu'elles viennent, amis ou adversaires, et malgré les circonlocutions dont elles sont entourées. Tout en rendant justice à ma bonne foi, vous parlez d'*un piége tendu, de personnes qui n'ont pas voulu s'y laisser prendre.* Je ne saurais accepter de pareilles expressions, même avec la forme d'induction que vous leur donnez. Je rétablirai les faits aussi brièvement que possible, en ne disant que ce qu'il est strictement nécessaire de dire.

» Lorsque *la Gazette*, en parlant des personnes qui ont pris part à cette affaire, a dit qu'elles m'avaient *circonvenu, la Gazette*, je le reconnais, a été mal informée; elle s'est servie d'un mot inexact. Ces personnes m'ont fait un loyal appel auquel j'ai loyalement répondu; elles m'ont engagé à les aider à réaliser l'union du parti royaliste, et comme la réalisation de cette union est une chose essentiellement désirable, je me suis montré disposé à leur prêter mon concours, en sacrifiant non mes liens d'affection, mais mes rapports journaliers de collaboration avec mes amis de *la Gazette.*

» J'ai donc demandé des conférences pour discuter à fond les idées qui devaient réaliser cette union royaliste dont on me parlait, car l'union des hommes sérieux ne saurait exister que sur le terrain des idées. On croit en Dieu, mais on ne croit pas en un homme; on croit en des idées qui sont la mesure commune des intelligences. Ces conférences ont fortifié la conviction où j'étais, où je suis encore, malgré l'issue de cette affaire, qu'entre la presque unanimité des royalistes il n'y a que des nuances grossies par des discussions irritantes, mais qu'il n'y a pas de divergences sérieuses. Quoique je ne fusse pas plus disposé à craindre des piéges qu'à en tendre, j'ai demandé, dès l'origine, qu'on ne se bornât point à des conversations, mais qu'on fixât par écrit les bases du plan à suivre, du programme à développer, afin que tous les esprits pussent se rencontrer sur un terrain net et bien délimité, et que la France sût d'une manière certaine ce que les royalistes avaient à lui offrir. On a obtempéré à ce vœu : des deux côtés il y a eu des observations, des concessions, non de principes, mais de formes ; car, je le répète, il n'y a, entre la presque unanimité des royalistes, que des questions de nuance et de forme.

» Je n'ai pas besoin de dire que pour les observations que j'ai présentées, pour la manifestation de principes que j'ai indiquée comme nécessaire, je n'ai consulté personne, et que j'ai uniquement eu en vue le désir d'exprimer les idées générales des royalistes, de tracer un programme qui pourvût aux nécessités de leur situation en les rendant possibles en France. Vous parlez, Monsieur, de l'inconvenance qu'il y aurait eue à présenter aux personnes qui s'étaient adressées à moi, le programme de *la Gazette*. Eh ! mon Dieu ! les royalistes, quand on va au fond des choses, ont tous le même programme. Les idées royalistes ne sont la propriété de personne, pas plus celle de *la Gazette* que de tout autre journal. En voulez-vous une preuve ? Les idées de l'intervention de la société dans ses affaires, de cette représentation générale des intérêts de la société, au moyen du vote à plusieurs degrés, embrassant, dans son universalité monarchique, toute la hiérarchie des intérêts, je les retrouve dans *la Quotidienne* de 1815. Long-temps avant que *la Gazette* eût développé ce système, à l'époque où Napoléon, de retour de l'île d'Elbe, allait paraître au Champ-de-Mai, *la Quotidienne*, qui s'appelait alors *la Feuille du Jour*, demandait l'élection hiérarchique des assemblées communales, cantonnales, départementales, générales (1) ; elle disait en propres termes : « Que sont nos assemblées électorales ? Des réunions d'un petit » nombre de citoyens choisis presque arbitrairement parmi les » plus imposés de l'arrondissement ou du département. L'immense » majorité, disons plus, la presque totalité des citoyens est exclue » de ces assemblées, privée, par conséquent, du droit d'élire ses » représentans, réduits au rang de prolétaires. Sur trois millions » de citoyens, quatre-vingt-dix mille électeurs forment une véritable aristocratie, qui seule possède le privilége d'élire ses représentans, c'est à dire que sur cent citoyens, quatre-vingt-dix-sept » restent à la porte de l'assemblée électorale. Voilà ce qu'on appelle » un gouvernement représentatif ! Le principe du droit est que

(1) Lisez la première quinzaine de la *Quotidienne*, en mai 1815.

» tous les membres de la nation doivent être représentés en raison » de la part qu'ils prennent au maintien de l'État. »

» Croyez-le donc bien, Monsieur, dans tout ce que je demandais au nom des libertés nationales, dont le culte se confond dans mon cœur avec le culte du principe monarchique, je n'avais pas besoin de copier le programme de qui que ce fût au monde, et ce n'était pas seulement avec *la Gazette*, mais, vous venez de le voir, avec *la Quotidienne*, comme avec *la Mode* et tous les journaux de province, comme avec les discours du noble marquis de Brézé, comme avec les personnes qui avaient voulu conférer avec moi, comme avec tous les royalistes, que je me trouvais d'accord sur les bases principales de l'autorité et de la liberté dans ce pays. Quand vous dites qu'il y a eu rupture dès qu'il y a eu explication, vous dites donc une chose complètement inexacte, une chose mauvaise; car il semble par-là qu'il puisse y avoir des abîmes entre les hommes dévoués au même principe et cherchant ensemble le bien de leur pays. Pendant six semaines, je n'ai pas cessé de m'expliquer verbalement et par écrit de la manière la plus catégorique, sans qu'il y ait eu rupture entre les personnes qui s'étaient chargées de suivre cette négociation et moi. Tout au contraire, il semblait que plus nous allions, plus les nuances s'effaçaient, plus nous étions près de nous entendre. C'est au bout de ces six semaines, et sur le programme définitif qui devait servir d'entrée au journal, programme soumis, par les honorables négociateurs, à l'ensemble des personnes qu'elles représentaient, que la rupture a eu lieu, parce que, m'a-t-on dit, ces personnes ont pensé que le journal devait paraître sans programme. Or, sans vouloir en rien incriminer ni même discuter leurs motifs, je ne conçois pas plus, en ma qualité d'homme de presse, de journal sans programme que d'armée sans drapeau, attendu que, lorsqu'on n'est pas dans les faits, il faut être dans les idées, et que, lorsqu'on n'est ni dans les faits ni dans les idées, on n'est nulle part, on n'est rien, on aspire au néant, attendu qu'une nation ne veut et ne peut revenir à un parti qu'en revenant à ses idées clairement définies, hautement proclamées.

»Voilà, Monsieur le rédacteur, toute la vérité sur cette affaire. J n'attaque personne, je ne me plains de personne. On m'a fait un appel dans l'intérêt de l'union du parti royaliste : j'y ai répondu, comme c'était mon devoir, en indiquant dans quelle mesure je pouvais prêter mon concours.' J'ai discuté pendant six semaines les bases d'un programme, en disant, dès le premier jour, que cette manifestation me paraissait indispensable. Au bout de ce temps, il s'est trouvé qu'on n'a pas cru devoir la faire. Je me suis retiré en emportant un bon souvenir de la loyauté parfaite et de la haute intelligence des personnes avec lesquelles j'avais été spécialement en rapport, et en leur laissant, du moins je l'espère, une idée favorable de mon caractère et de mon dévouement profond à la cause monarchique et nationale.

» Veuillez bien, Monsieur le rédacteur, insérer cette lettre, qui contribuera, j'aime à le croire, à mettre fin à une polémique fâcheuse, et agréez l'expression de ma haute considération.

» ALFRED NETTEMENT. »

Plus tard, l'auteur intervint encore une fois dans la polémique, et toujours avec le même esprit, c'est à dire avec l'intention de relier le faisceau des forces royalistes qui s'éparpillaient de plus en plus, et de contribuer, autant qu'il était en lui, à conserver à l'opinion monarchique tous ses hommes et tous ses moyens d'action. Voici la lettre qu'il écrivit à l'honorable et habile directeur de *la Gazette du Midi*, à l'occasion d'un article dirigé par cette feuille contre M. de Genoude, avec lequel l'auteur s'estime heureux d'avoir des liens étroits de collaboration et plus encore d'amitié.

A M. le directeur de la GAZETTE DU MIDI.

« Paris, 10 juin 1843.

» Monsieur,

» Autant j'eusse été touché, dans toute autre circonstance, d'un témoignage de sympathie venant d'un journal aussi honorablement connu et aussi justement estimé que *la Gazette du Midi*, autant j'ai été affligé de me voir louer au détriment d'un royaliste éminent, d'un homme dont j'honore le talent et le courage, d'un collaborateur, d'un ami. J'avais mis une sollicitude toute particulière à me tenir à l'écart des tristes et douloureux débats qui agitent, depuis deux mois, le parti royaliste ; j'espérais qu'on me permettrait de conserver cette attitude, et n'ayant pas réussi à contribuer au rétablissement de l'union parmi nos amis, je voulais du moins éviter de contribuer, ne fût-ce que par une parole qui pouvait être mal interprétée, à donner un aliment à des divisions si fâcheuses. Mais après votre article, Monsieur, je ne puis plus garder le silence. J'ai un devoir de justice et d'amitié à remplir envers M. de Genoude, avec lequel vous me mettez en parallèle, en opposition ; un devoir de loyauté et de franchise envers le parti royaliste, devant lequel je dois justifier et motiver, en les développant, les paroles que vous avez citées et que je ne retire point : « Il n'y a que » des nuances entre les hommes de notre opinion ; » je vais m'occuper d'un écrit sur ce sujet, dans lequel j'expliquerai en quoi consiste l'unité du parti royaliste, sur quels points portent les nuances dont j'ai parlé, et sur quel terrain commun on pourrait se rencontrer ; mais ce travail serait trop long pour être publié dans un journal, et j'y aborderai des matières trop importantes et trop délicates pour ne pas sentir la nécessité de peser avec soin mes expressions.

» Bornons-nous donc ici à ce qui a rapport à M. de Genoude. Vous parlez, Monsieur, de la reconnaissance due à M. Berryer pour les services que son admirable éloquence nous a rendus du haut de la tribune : sur ce point je suis entièrement de votre avis. Mais, Monsieur, si l'on doit se montrer reconnaissant envers la tribune, est-il donc permis de ne pas l'être envers la presse ? N'est-ce donc rien que ce travail de tous les jours, de toutes les heures ; que ce dévouement qui déclare à son propre repos une guerre sans paix ni trêves, que les événemens trouvent toujours prêt, qui veille pendant que l'opinion dort, qui puise dans une foi politique profonde assez d'énergie pour résister à la contagion du découragement et pour communiquer à tous son courage ; qui est toujours sur la brèche sans que les échecs et les persécutions l'effrayent, sans que les sacrifices le dégoûtent et le lassent. Voilà, Monsieur, la vie d'un chef de journal, vous le savez par vous-même ; voilà depuis treize ans la vie de M. de Genoude.

» Ne me comparez pas à lui, je n'ai pas mérité encore de lui être comparé. Il était né avant moi à la vie politique ; il a pu donner après 1830 une direction, tandis que je ne pouvais encore qu'en suivre une ; et cette direction, vous le reconnaissez vous-même, a été intelligente, bonne et utile, car vous déclarez que *la Gazette de France* a rendu d'éminens services. Or, comment séparer *la Gazette* de M. de Genoude, qui n'a cessé de lui donner l'impulsion et d'y exprimer ses sentimens et ses idées ? Il a pu faire des sacrifices que je n'ai pas été assez heureux pour faire ; il a pu immoler ses intérêts à ses convictions, partout où on lui a offert l'alternative de sacrifier un intérêt de journal à une idée qu'il croyait utile, ou de sacrifier cette idée, et vous savez comment il a vu successivement l'Italie, l'Autriche, la Prusse se fermer devant *la Gazette*. Cela est noble, cela est beau, cela est rare dans tous les siècles, dans le nôtre surtout, et il ne faudrait pas que des nuances d'opinion nous empêchassent de rendre hommage, chez un coréligionnaire politique, à un dévouement et à un désintéressement que nous honorerions même dans un adversaire.

» Eh ! Monsieur, n'enclouons donc pas ainsi nos canons devant l'ennemi. Gardons, avec une sollicitude empressée, un royaliste dévoué, un admirable orateur dans la personne de M. Berryer ; mais gardons aussi, dans la personne de M. de Genoude, un royaliste dévoué, un admirable journaliste. N'oublions pas les services rendus, qu'ils l'aient été par la parole ou par la plume ; n'amoindrissons pas les hommes qui peuvent nous servir, et que nos tristes dissentimens n'aillent pas jusqu'à nous porter à émousser nos armes en les heurtant l'une contre l'autre. Quand on se bat dans les rangs, cela vient toujours de ce que l'armée ne marche pas ; il y a donc un moyen de faire cesser ce discord, et, pour cela, il faut pousser ce cri de : « *En avant !* » qui est si populaire en France. *En avant*, contre le monopole et l'arbitraire doctrinaire, contre la politique de l'abaissement au dehors, des bastilles et de la corruption au dedans. *En avant! toujours en avant!* C'est dans l'action, je le démontrerai, je l'espère, que nous devons, que nous pouvons nous réunir. Quand nous serons en marche, on ne sera plus occupé que d'une chose, combattre l'ennemi. Sortons donc du *statu quo* de notre opposition; préparons-nous, hors de la Chambre comme dans la Chambre, à cette lutte à la fois énergique et légale à laquelle nous serons peut-être bientôt appelés. Etendons dans les pays nos lignes de circonvallations contre ces bastilles qui s'élèvent, et que le jour où le despotisme sera prêt, la liberté, tenant les tables de la loi à la main et revendiquant les droits de tous, soit prête aussi. C'est votre propre langage que je vous parle, Monsieur; car je sais que *la Gazette du Midi* a toujours vivement poussé à l'action royaliste; vous ne prendrez donc pas en mauvaise part mes paroles, et vous leur donnerez dans votre journal une place que je réclame de votre bienveillante impartialité.

» Veuillez agréer l'expression de ma haute considération,

» Alfred Nettement. »

L'auteur, on le voit en écrivant cet appel, n'a fait que suivre la route où il est entré depuis long-temps, et que tenir une parole donnée. C'est en même temps le véritable complément de l'*Exposition royaliste* qu'il publie, car l'histoire de l'opposition royaliste sous toutes ses formes, pendant ces treize dernières années, n'avait pu qu'être indiquée, on l'a dit, dans l'ouvrage consacré à faire tomber les anciennes calomnies accumulées contre notre opinion. Le passé avait pris une si grande place dans ce premier travail, qu'il avait fait tort au présent. L'auteur ne craint pas de dire que le précis de l'histoire de l'opposition royaliste depuis 1830, complète dignement l'exposition des sentimens et des idées des royalistes depuis 89; car on verra cette opposition animée des sentimens généreux et guidée par les idées élevées que nous avons trouvés, depuis 1789, dans la tête et dans le cœur des hommes de notre opinion.

Dans ce travail sommaire, l'historien n'a pu nommer, comme il l'aurait voulu, tous ceux qui ont donné des preuves de dévouement à la France. Il doit en particulier expliquer le silence qu'il a gardé sur les journaux qui, les uns à Paris, les autres dans les provinces, ont, en toute circonstance, soutenu une guerre si persévérante et si périlleuse contre la politique d'arbitraire et de corruption, de concession et d'abaissement, et parmi lesquels il en est qui ont succombé dans la bataille. Presque tous ces journaux sont entrés à la fois dans plusieurs genres d'action, ce qui ne permettait pas de consigner le souvenir de leurs services dans l'historique de tel ou tel genre d'action royaliste, sans jeter de la confusion dans un travail où la plus grande clarté était nécessaire. Mais l'histoire de l'opposition générale de la droite est, à proprement parler, leur histoire, et l'opinion royaliste doit se féliciter d'avoir trouvé à la fois tant d'esprits élevés et tant de caractères énergiques, disposés à s'engager dans les luttes laborieuses et difficiles de la presse.

Il ne nous reste plus qu'à présenter quelques explications sur la nécessité où nous nous sommes trouvé de toucher la question de l'opposition armée, en faisant l'historique des diverses oppositions. Nous connaissons les lois qui défendent de faire l'apologie de la guerre civile, mais nous ne connaissons pas de lois qui interdisent aux écrivains le droit de traiter les questions d'histoire. Il n'est pas licite, nous le comprenons, de se servir de la presse, qui est un moyen légal, pour exalter l'action de ceux qui prennent les armes afin de faire la guerre civile en violant les lois existantes; mais il est très licite de rechercher de quelles intentions ceux qui ont commis cette infraction aux lois étaient animés, et quelles ont été les conséquences politiques et morales de leur conduite. Sans cela, il faudrait abolir l'histoire.

Nous vivons dans un temps où la presse, écrasée sous sa victoire de juillet, en est réduite à donner ces explications. Il faut bien qu'elle commente ainsi à l'avance ses paroles, pour éviter la sollicitude hostile de ces commentateurs malveillans qui trouvent à toutes les phrases un sens de cours d'assises, et prévenir le zèle menaçant des annotateurs du greffe et des glossateurs de l'écrou.

LIVRE PREMIER.

LES PRINCIPES ET LES ACTIONS ROYALISTES.

CHAPITRE I.

POSITION DE LA QUESTION.

Il y a une grande différence entre les principes d'un parti et les divers moyens d'action qu'emploient les hommes de ce parti pour faire prévaloir ses principes. Cette différence est si grande qu'on peut, selon nous, ne pas recourir aux mêmes moyens d'action, et cependant être du même parti, c'est à dire prendre le même point de départ pour arriver au même but, tandis que toutes les divergences qui portent sur les principes, établissent des séparations tellement profondes, que ceux en qui ces divergences se personnifient, cessent réellement d'être unis par les liens de la communauté politique, c'est à dire de professer le même symbole et de se rallier au même drapeau. Il en résulte que les dissidences sur les moyens d'action ne constituent que des nuances, et que les séparations sur les principes creusent des abîmes.

Y a-t-il véritablement des abîmes entre les différentes fractions du parti royaliste, y a-t-il seulement des nuances? en d'autres termes, diffère-t-on dans notre parti sur les principes, ou seulement sur les moyens d'actions? voilà la question que nous essayerons d'éclaircir, plutôt par des faits positifs et irrécusables que par la polémique

En effet, la solution de cette question si intéressante doit se rencontrer dans l'histoire de l'opposition royaliste pendant ces treize dernières années. Quelque prix que nous attachions à trouver, après avoir étudié ce problème, une solution qui favorise le rétablissement de l'union de notre parti, en lui montrant que l'unité de principes existe entre tous ses membres, cependant nous voulons avant tout dire la vérité; et si cette étude nous donnait des résultats opposés à notre désir, nous les exprimerions à regret, mais nous les exprimerions.

Il faut d'abord bien définir ce qu'on doit entendre par les principes et par les moyens d'action. Nous entendons par principes les règles fondamentales, constitutives selon lesquelles un parti croit que la société est ou doit être organisée. Ainsi il est évident que si une fraction d'un parti croyait que les deux principes fondamentaux de l'Etat sont l'institution monarchique et la liberté nationale résidant dans la représentation générale des intérêts, et qu'une autre fraction pensât qu'il n'y a que le premier de ces principes qui soit fondamental, c'est à dire l'institution monarchique, et que la liberté nationale n'est qu'un accessoire ou qu'elle ne doit exister que subsidiairement et secondairement, il serait très difficile, pour ne pas dire impossible, d'admettre que ces deux opinions appartinssent au même parti. Quant aux moyens d'action, nous entendons la marche qu'emploient les hommes, professant le même symbole politique, pour arriver à l'application des principes communs qu'ils défendent, et nous croyons que des hommes dévoués aux mêmes principes, professant non seulement une partie du même symbole, mais un symbole entièrement identique, peuvent adopter une route différente pour arriver au même but, sans qu'il faille dire qu'entre eux il y a divorce. Dans ce cas, l'unité du but domine la diversité des moyens. Chacune des fractions peut naturellement préférer l'action qu'elle emploie, chercher à ramener à cette action, par la persuasion et l'empire de la logique, les membres du parti qui suivent une autre voie ; mais tant que toutes ces nuances professent le même symbole, tant qu'elles ne peuvent s'interroger sur leurs principes sans émettre les mêmes idées, quant à la liberté et au pouvoir, il y a entre elles discussion sur l'opportunité et l'efficacité de telle ou telle action, il n'y a pas séparation.

Nous n'entendons pas dire par là que le choix des moyens pour arriver à un but politique soit indifférent, et qu'il n'y ait aucune importance à suivre telle ou telle route. Aussi comprenons-nous très bien que les esprits profondément convaincus que la route qu'ils suivent est la meilleure, emploient toutes les ressources du raisonnement pour attirer dans les voies où ils marchent les hommes de leur parti qui suivent une autre voie. Mais, comme les intelligences et les caractères des hommes sont divers, et que par conséquent les considérations qui déterminent les uns agissent moins fortement sur les autres, plus vivement influencés par des considérations d'un autre ordre, nous croyons que les diverses nuances d'un parti, c'est à dire les fractions de ce parti qui veulent arriver à un but parfaitement identique par des voies différentes, doivent chercher à s'éclairer sans jamais laisser dégénérer les discussions qui s'élèvent entre elles sur l'efficacité de leurs moyens d'action, en querelles politiques, nuisibles à leur crédit moral, à leur force réelle, et qui sont un avantage et un sujet de joie pour l'ennemi commun.

Cette maxime de conduite nous paraît d'autant plus raisonnable que, comme ces nuances d'opinions n'ont pas d'autre moyen d'entraîner les esprits dans leurs voies que la conviction qu'elles peuvent produire par l'évidence de leurs argumens et la persuasion qu'elles peuvent faire naître par l'éloquence de leurs appels, elles doivent supposer que les personnes qui refusent de les suivre ne sont encore ni suffisamment convaincues, ni complètement persuadées, et chercher si elles n'ont pas omis, dans leur démonstration, quelque chose qui l'a empêchée d'agir victorieusement sur tous les esprits.

Nous ajouterons une dernière remarque : c'est que si la chaleur de la discussion a amené des conflits sérieux entre les diverses nuances d'une opinion, le devoir des hommes qui, souvent plutôt par le bénéfice de leur position que par leur sagesse, sont restés étrangers à l'irritation produite par ces débats, est de rappeler à ces nuances d'opinions par quels points elles se rapprochent, par quels liens indestructibles elles se tiennent, et de les faire convenir que, dans une bonne organisation des forces du parti, leurs actions différentes peuvent trouver place ; que, loin de se contrarier, elles peuvent se combiner et s'aider pour arriver à un but commun, au lieu de s'entrechoquer et de se paralyser mutuellement.

C'est un travail de ce genre que nous allons tenter. Non que nous soyons indifférent sur les moyens d'action : il y en a un pour lequel nous avons un penchant décidé, comme nous le ferons paraître quand nous y serons amené par le cours de ces réflexions. Loin de nous la pensée de sacrifier les intérêts de la vérité au désir de montrer un esprit conciliant et pacifique. Il faut craindre, à force de chercher à paraître neutre, de devenir nul ; en politique, il importe avant tout d'avoir un avis, et quand on a un avis, c'est un devoir de l'exprimer. Nous dirons donc le nôtre avec modération sans doute, et avec une juste défiance de nous-même, mais avec une entière franchise.

Parmi tant de genres d'infériorité, que nous nous empressons de nous reconnaître, quand il s'agit d'apprécier la marche des chefs et des directeurs de toutes les nuances de l'opinion royaliste, nous croyons avoir sur eux, dans cette circonstance, un genre d'avantage. Leur généreuse ardeur et cette passion du bien public dont ils sont travaillés les ont tellement engagés dans leur voie, qu'ils se trouvent peut-être en moins bonne position pour juger les personnes qui sont engagées dans d'autres routes, parce qu'ils sont tout pleins de ce qu'ils font dans la route où ils marchent, et de ce qu'on pourrait y faire si leur parti tout entier y marchait avec eux. C'est là un des effets de la chaleur de la bataille, de la sincérité et de la puissance des convictions ; c'est l'action de soldats qui voient la victoire et qui veulent entraîner toute l'armée pour la saisir. Il ne nous appartient donc pas de les blâmer, mais de chercher de notre côté à rendre les services qui sont à notre portée; car, dans cette grande lutte que nous soutenons pour nos principes, et que nous ne soutenons que parce que nous sommes fermement convaincus que nos principes sont indispensables à la grandeur et à la prospérité de notre pays, il n'est permis à personne de rester inactif; chacun doit apporter son effort particulier à ce grand travail : ceux-ci leurs lumières, ceux-là leur zèle ; c'est une de ces journées dans lesquelles les aveugles se font lier sur leurs chevaux comme ce glorieux roi de Bohême qui ordonnait à ses écuyers de le conduire droit aux Anglais *qui venoient rober le royaume de son chier beau-fils, le roi de France, afin de férir encore contre les larrons du patrimoine de ses petits-enfans quelque bon coup d'épée.*

CHAPITRE II.

QUELS SONT LES PRINCIPES DES HOMMES DE LA DROITE.

I.

Nécessité de chercher la solution de cette question dans le passé.

Une première question se présente : quels sont les principes des royalistes ? Nous ne voulons pas exprimer une opinion individuelle dans cette grave question ; nous ne voulons pas non plus emprunter à une nuance, quelle qu'elle soit, une définition des principes généraux de tout le parti. Il importe d'éviter tout ce qui pourrait paraître arbitraire et personnel ; tout ce qui, appartenant exclusivement à une nuance, courrait risque d'être, par cette seule raison, repoussé par d'autres fractions. Ainsi qu'un observateur ingénieux en faisait la remarque, quelquefois, même quand il s'agit des meilleurs esprits, un des grands inconvéniens des divisions politiques, c'est qu'après avoir commencé à discuter parce qu'on n'était pas du même avis, on est involontairement excité par la chaleur de la polémique à chercher à ne pas être du même avis pour continuer à discuter. Il y aurait en outre une objection qui nous détournerait de chercher les principes des royalistes dans les déclarations qui ont suivi la révolution de 1830. On risquerait par là de faire accuser les royalistes d'avoir composé leur thême pour la circonstance, et d'avoir approprié leur exposition de principes aux besoins de la situation particulière où ils se trouvent.

Pour échapper à ces inconvéniens divers, sortons des temps où nous sommes, reculons de plus d'un quart de siècle en arrière, transportons-nous par la pensée dans une des assemblées qui suivit la seconde restauration, dans la session de 1817 qui prit place après l'ordonnance du 5 septembre. Ecoutons la grande opposition royaliste qui plantait alors sa bannière. Donnons la parole à nos pères, aux anciens chefs de la majorité royaliste de 1815.

On ne pourra pas dire que nous n'exprimons que les idées particulières d'une nuance de notre opinion, car alors les Villèle, les Bonald, les Corbière, les Cornet-d'Incourt, les Marcellus, à la Chambre des Députés, les Châteaubriand, les Mathieu Montmorency et leurs adhérens à la Chambre des Pairs, ne faisaient qu'un camp et marchaient réunis. Nous échapperons en même temps au reproche qu'on pourrait adresser, qu'on a adressé à l'exposition de nos principes, de n'être qu'un de ces programmes de circonstances qu'on adopte comme un levier d'opposition contre un pouvoir qu'on veut renverser. S'il demeure en effet prouvé que, dans la seconde session de la restauration, en 1817, les royalistes professaient les principes qu'ils professent aujourd'hui, comme on ne peut raisonnablement supposer qu'ils voulaient, à cette époque, provoquer l'anarchie afin d'arriver par le désordre à une autre forme du gouvernement que celui de la branche aînée, il faudra bien reconnaître qu'ils sont sincères, et qu'ils réclament de bonne foi les institutions qu'ils demandent, non avec une arrière pensée de destruction, mais avec une pensée d'organisation politique et de sécurité sociale.

II.

Les principes de la droite constatés dans les Chambres de 1815 *et* 1817.

Nous sommes au sein de la Chambre de 1817, Chambre nommée en vertu d'une ordonnance d'élection transitoire, coup d'état frappé contre la majorité de 1815. Les ministres d'alors viennent apporter la loi d'élection qui établit le suffrage direct des électeurs à cent écus. C'est M. Cuvier, cet homme dont la pensée, si libre et si hardie dans les sciences, fut toujours si dépendante dans la politique, comme si le ciel ne voulait pas accorder toutes les noblesses à la même intelligence, qui est chargé, en sa qualité de commissaire royal, de défendre le projet ministériel. Les chefs de la droite se lèvent tous pour l'attaquer; M. de Bonald le premier. Vous allez entendre l'expression philosophique des principes royalistes, écoutez !

III.

Opinion de M. de Bonald.

Après avoir fait observer qu'il fallait empêcher que les

influences ministérielles pussent faire et exclure les députés, M. de Bonald continue ainsi :

« Sans cela la députation ne serait plus qu'une fiction,
» l'élection une comédie, et le gouvernement représenta-
» tif une représentation de gouvernement. »

Puis, arrivant au système qui lui paraît devoir garantir en France la liberté sous la monarchie, l'illustre orateur ajoute : « La commune est l'élément politique d'une na-
» tion monarchique, la véritable famille politique, et
» c'est aussi avec la constitution de la commune ou son
» affranchissement, qu'a commencé en France la forme
» régulière et mieux déterminée de la constitution de
» l'État. La commune, qu'on me permette cette expres-
» sion, est, dans le système politique, ce que le franc est
» dans notre système monétaire, l'unité première et gé-
» nératrice, l'unité indivisible, parce qu'on ne peut la di-
» viser sans tomber dans des fractions sans valeurs et des
» monnaies sans poids et sans titres. Remarquez que la
» commune est un corps plus réel, plus solide, plus visi-
» ble que le département ou le royaume, qui sont plutôt
» des corps moraux. L'homme, la maison qu'il habite,
» la terre qu'il cultive, sont de la commune avant d'être
» du département et du royaume ; et comme ces trois
» corps, commune, département, royaume, forment le
» corps politique, l'Etat tout entier, il est tout naturel
» que dans la manière de composer la représentation uni-
» verselle de la nation, les mêmes corps participent, dans
» le même ordre, à la députation ; ainsi la commune dé-
» pute au département, le département députe au royau-
» me, système d'élection analogue et complet. »

Ainsi parlait M. de Bonald, au milieu des applaudissemens de la droite de la Chambre élective, où se trouvaient alors MM. de Villèle, Corbière, de Marcellus, Piet,

Cornet-d'Incourt, d'accord avec la droite de la Chambre héréditaire, où se trouvaient MM. de Châteaubriand et Mathieu de Montmorency. Ce n'était pas après une révolution, c'était après une restauration qu'il indiquait la commune comme la pierre angulaire de la monarchie représentative, qu'il la signalait comme le premier degré *de la représentation universelle de la nation*, nous citons ses propres paroles, et il tenait ce langage à une époque où l'opposition de droite marchait unie comme un seul homme, à la Chambre des Députés comme à la Chambre des Pairs. Puis, pour donner à ces idées royalistes l'autorité de l'antiquité et de la tradition nationale, après leur avoir donné l'autorité de la logique et de la justice, il rappelait que Tacite avait découvert dans les forêts de la Germanie, d'où sortirent les fondateurs de la monarchie française, ce principe admirable : *de minoribus principes consultant, de majoribus omnes*, et il terminait ainsi ce mémorable discours, non sans avoir rappelé que le gouvernement représentatif tout entier est dans la loi d'élection :

« Ce beau système de gouvernement dont la commune » est le fondement, a été trouvé dans les bois, dit Montes- » quieu ; c'est donc sur le fondement invariable, inébran- » lable d'un élément indestructible comme tous les élé- » mens, sur la commune, qui a précédé les gouverne- » mens et qui leur survit, qu'il fallait asseoir la première » pierre de l'édifice d'une représentation véritablement » nationale, et c'était le seul moyen de fonder la repré- » sentation dans la nation et d'implanter, si j'ose le dire, » la représentation dans la constitution et la constitution » dans l'Etat. »

Voilà l'expression des principes de la droite sur le pouvoir et sur la liberté, dans toute leur élévation philosophique. Laissons de côté les orateurs ministériels. Aussi bien ce ne serait pas sans un sentiment de tristesse que nous analyserions les paroles de M. Cuvier, répondant à tous les argumens, avec les traditions de la servilité impériale qui affligent dans un si beau génie : « En politique, il » faut que le maître parle : le maître l'a dit, le roi a parlé » dans la charte, la charte existe, elle institue les électeurs » à cent écus (1); » puis ajoutant encore « qu'il est bon que » la Chambre soit remplie de fonctionnaires, attendu que » les hommes qui doivent le plus craindre les révolutions, » ce sont les fonctionnaires attachés au gouvernement qui » existe. » Ce qu'il nous importe, c'est de connaître les principes de la droite, et M. de Corbière va nous donner leur expression politique, comme M. de Bonald nous a donné leur expression philosophique.

IV.

Opinion de M. de Corbière.

Dans cette discussion générale, si importante puisque la loi d'élection allait en sortir, la loi d'élection qui, comme le disait M. de Bonald, contient le gouvernement tout entier, M. de Corbière, un des chefs de la droite, se lève et répond ainsi au ministre et au commissaire du roi :

« Dans le gouvernement représentatif, les besoins de » l'administration publique et les intérêts des peuples

(1) Paroles de M. Cuvier, janvier 1817.

» sont débattus et réglés en commun. Il est naturel que » l'administration désire n'être pas gênée dans sa marche, » et que les peuples craignent de faire plus de sacrifices » que le service public n'en exige. Mais si quelques uns » de ces intérêts ne sont pas appelés, le traité entre l'ad- » ministration et la Chambre peut se faire à leurs dépens; » ils le croiront du moins. Et qu'on ne s'y trompe pas, » ces intérêts mécontens et lésés suffiront par porter le dés- » ordre dans tout le corps. Croirait-on pouvoir les con- » tenir et les priver de toute action? On réussirait plutôt » à les détruire. Partout où il y a lésion, il y a souffrance, » et tant que la vie reste encore, partout où il y a souf- » france, la souffrance et le repos s'excluent. Ainsi les in- » térêts non représentés souffriraient et chercheraient un » remède; ils le chercheraient hors du gouvernement re- » présentatif, car ils en seraient exclus; ils le cherche- » raient contre lui, puisqu'ils s'en croiraient traités hos- » tilement. Lorsque le moyen de défense des intérêts » consiste dans une représentation, tous doivent être re- » présentés. Sans cela, ce que les uns acquerraient tour- » nerait au détriment des autres qui se trouveraient » dans une condition pire qu'auparavant.

» Ajoutons que, dans les rangs les plus élevés, le bien » général se trouve trop souvent en opposition avec le » bien particulier; des faveurs peuvent ébranler le devoir; » d'amples dédommagemens peuvent être offerts au sacri- » fice de la part quelconque que l'on a dans l'intérêt » commun, et ces dédommagemens il faut toujours que » quelqu'un en fasse les frais; ils retombent toujours en » définitive sur ceux qui ne sont pas à portée d'y pré- » tendre; ceux-là ne peuvent avoir pour sauve-garde per- » sonnelle, que l'intérêt qu'ils trouvent dans une bonne » administration. S'ils paraissent avoir au bien public

» un intérêt plus faible, chez eux aussi cet intérêt se trouve » dans toute sa pureté. En outre, cette classe est, par sa » situation, la plus exposée à des injustices particulières » et a le moins de garanties contre elles. Si vous conser- » vez à la classe inférieure quelque participation aux » élections, vous lui assurez un droit à des égards dont » elle n'est pas indigne, à une protection dont elle a be- » soin. Le projet de loi, dans sa démarcation tranchante, » laisse sans appui, dans l'ordre social, une classe bien » nombreuse de notre population; jamais on n'avait eu » l'imprudence de la laisser dans un tel isolement; ses » corporations lui conféraient jadis des droits analogues » à ceux que les autres avaient alors.

» Dire que les pauvres peuvent s'enrichir n'est pas ré- » pondre. Ceux qui s'enrichiront seront remplacés dans » la classe d'où ils sortiront, elle restera toujours à peu » près la même et toujours également sans défense.

» Les peuples doivent être défendus avec prudence, » mais avec fermeté, contre les profusions qui les mena- » cent, contre l'action capricieuse des agens de l'autorité. » Il a, de plus, fallu légaliser l'obstacle pour qu'il ne fût » pas tour à tour trop faible et trop inflexible. La classe » que le projet de loi favorise est-elle, sous ce rapport, » celle qui présente le plus de garanties ? On vous a fait » remarquer que, dans cette classe, ne se trouvaient pas » les hommes les plus intéressés à modérer les charges de » l'État. D'un autre côté, on peut plus facilement les ré- » duire à la dépendance par l'appât des salaires publics. » Voilà pour les temps ordinaires. Pour les momens de » crises, quelle influence dangereuse ne doivent pas avoir » les colléges électoraux que vous allez organiser ! Avec » la composition qu'on vous propose, ne peut-on pas » craindre qu'un trop grand nombre de leurs membres ne

» se trouvent accessibles à la séduction des chances trom- » peuses que présentent les troubles civils à leur nais- » sance et à leurs différentes périodes? Je crains donc, » dans les temps de troubles, un appui peu sûr pour le » trône, et, dans les temps calmes, trop de condescen- » dance pour les ministres. Je me résume. Le projet de loi » me paraît, dans le fond même du système qu'il adopte, » offrir le plus grand des inconvéniens dans un gouverne- » ment tel que le nôtre, c'est de livrer les élections à une » classe très faible de la société. Il exclut de droit tout ce » qui se trouve au dessous, de fait tout ce qui est au » dessus. »

V.

Opinions de MM. de Châteaubriand, de Montmorency à la Chambre des Pairs, de M. de Villèle et de ses amis politiques à l'autre Chambre.

MM. de Châteaubriand et Mathieu de Montmorency, à la Chambre des Pairs, se rencontraient dans les mêmes idées avec MM. de Corbière, de Bonald; et de Villèle, cet esprit si pratique, était complètement d'accord avec eux, comme on put le voir, quand on passa à la discussion des amendemens, car il se leva et dit en propres termes : « C'est pour éviter de livrer la Chambre des Députés » à une classe quelconque de Français, que nous deman- » dons que les électeurs soient élus. L'article 1er, sur le- » quel vous êtes appelés à voter, ne peut être adopté, car » en livrant les élections des députés à une seule classe

» de contribuables, il établit un véritable, un immense » privilége au profit de quelques Français, et, sous ce » rapport, il viole l'article 1er de la charte, qui a déclaré » que tous seraient égaux devant la loi. »

L'avis de M. de Villèle, en matière d'élection, était du reste déjà connu. Dès l'année précédente, nommé rapporteur de la commission à laquelle la Chambre avait renvoyé la loi d'élection, il avait proposé, comme base du système à adopter, des assemblées cantonnales où serait placé le premier degré d'élection, et où seraient admis tous les contribuables payant 50 francs d'imposition directe et ayant vingt-cinq ans accomplis, sans que toutefois, ajoutait M. de Villèle, la commission proposât ce chiffre d'imposition comme une base certaine et que la Chambre ne pût modifier. C'est dans cette séance (1) que M. de Villèle, ayant à exprimer son opinion sur le monopole électoral concentré dans les mains des contribuables payant cent écus, prononçait ces paroles remarquables :

« Ce serait supposer à la France plus d'indifférence » qu'elle n'en a et ne peut en avoir pour l'exercice du » plus précieux de ses droits, que de croire pouvoir ainsi » dispenser l'élection des députés, sans autre base que » celle d'une division territoriale arbitraire, et sans au» cun égard à la population et aux contributions qui doi» vent être toujours les indications du nombre des dé» putés à élire, puisque ces deux données sont prises dans » les deux intérêts qu'ils sont plus particulièrement ap» pelés à défendre. Ce mode d'élection renferme en outre » d'autres vices qui le rendent inadmissible. En effet, » seraient-ils bien les députés des départemens et expri-

(1) 16 Février 1816, voir le *Moniteur* de ce jour.

» meraient-ils bien réellement l'opinion de la France, » ceux à la nomination desquels n'auraient concouru » qu'un aussi petit nombre de leurs concitoyens? Cette » espèce de privilége exclusif accordé aux contribuables » payant 300 fr. d'imposition, est-il dans nos mœurs ac- » tuelles, est-il d'accord avec le système représentatif? Il » a paru, au contraire, à votre commission que plus sera » grand le nombre des Français qui contribueront à la » nomination des députés, plus la Chambre sera ce qu'elle » doit être, plus elle portera au roi la véritable expres- » sion de l'opinion publique et exercera sur la France » entière l'influence qui lui est nécessaire. »

M. de Villèle avait terminé ces réflexions en accueillant avec empressement, au nom des royalistes, l'idée de donner au système électoral un degré d'universalité plus grand encore, en prenant des élémens de composition dans toutes les collections d'intérêts, quand elles viendraient à se produire et à se manifester.

Nous pourrions reprendre, une à une, toutes les opinions des orateurs de la droite, vous y retrouveriez les mêmes idées, les mêmes principes.

C'est M. Piet qui s'écrie, le 2 janvier 1817, au commencement de la discussion générale :

« Quatre millions neuf cent mille Français seraient dé- » pouillés du droit électoral par le suffrage direct. Le » système représentatif consiste à défendre tous les inté- » rêts sociaux, à faire connaître l'opinion et les vœux de la » nation. Ce résultat dépend des assemblées électorales. » Je recommande à votre sollicitude cette masse d'inté- » rêts, de propriétés supérieures et inférieures, que vous » ne devez pas priver de votre protection, en concentrant, » dans les hommes de cent écus le droit d'élire les mem- » bres de la Chambre des Députés. »

C'est encore M. Cornet-d'Incourt qui, après comme pendant la discussion générale, persistant au nom de la droite dans les mêmes principes, vient jeter, au milieu de la plus vive agitation, ces paroles au ministère : « Le » projet contient un vice radical : c'est de ne pas repré- » senter assez d'intérêts, et tous doivent l'être, du moins » autant que possible. Je ne vois ici de représentés que » les intérêts des cent mille contribuables appelés à vo- » ter. Les petits propriétaires admis à exercer leurs droits » pourraient bien à la vérité ne pas donner leurs suffrages » à un commis à pied ou à cheval, ou même à ces fonc- » tionnaires d'un ordre plus éminent dont M. le com- » missaire du roi a plaidé la cause, et qui ont prouvé, » pendant vingt-sept ans et même cent jours, leur fidé- » lité à leurs places (*Murmures*). Mais ils donneraient » leurs suffrages à des hommes en possession de leur » confiance, dont l'indépendance et le caractère leur of- » friraient une solide garantie pour le maintien de leurs » droits et de leurs intérêts. (*Vive agitation.*)

Quelque temps après, M. de Châteaubriand, cet illustre écrivain qui marchait à la tête de la presse royaliste, résumait dans des lignes éloquentes les griefs des hommes de la droite contre la loi des cent écus :

« La loi du monopole électoral, » disait-il dans le *Conservateur*, après avoir demandé les deux degrés, « est fu- » neste et sotte. Elle veut être populaire, et exclut le » peuple ; elle vise à l'égalité, et elle établit une violente » distinction électorale ; elle prive de leurs droits l'im- » mense majorité des Français, et, par une bizarrerie » sans exemple, elle enrôle la révolution dans un corps » aristocratique de quatre-vingt mille privilégiés. Les » royalistes, toujours justes, toujours conséquens, rejet- » tent une loi qui ne porte pas en elle-même sa propre

» vertu; une loi qui, au lieu de représenter les masses,
» n'appelle que les individualités, qui ne classe aucun
» intérêt général, et qui, par cette mesure, est essentielle-
» lement destructive du gouvernement royal. La loi ac-
» tuelle, nous le répétons, perdra la France. Telle est
» cette loi qu'elle vous place entre une révolution inévi-
» table et une prévarication forcée. Une fille sanglante
» de la Convention sortira de l'urne électorale. »

VI.

Résumé de la discussion de 1817.

Dans cet exposé exact de la grande et solennelle discussion de 1817, on voit se dessiner, d'une manière plus claire que le jour, les principes des royalistes sur l'organisation de la société. Quant au pouvoir, c'est la loi salique de l'hérédité, le gouvernement monarchique; sur ce point, il ne saurait y avoir, il n'y a pas un doute. Quant à la liberté, leurs principes sont aussi nets. Ils ne la font point résider dans un monopole dont les bénéficiaires sont indiqués par un chiffre fixe d'impositions. MM. de Villèle, Corbière, de Bonald et leurs amis, à la Chambre élective; MM. de Châteaubriand, Mathieu de Montmorency et leurs amis, à la Chambre des Pairs, sont également unanimes à repousser ce mensonge politique ; ils veulent et demandent, ce sont les propres paroles de M. de Bonald, la représentation universelle des intérêts, et M. Piet précise encore le sens des paroles de M. de Bonald, en disant : « Quatre millions neuf cent mille Fran- » çais, seraient dépouillés du droit électoral par le suf- » frage direct. »

M. de Corbière se charge d'exposer les raisons politiques de l'éloignement des royalistes pour ce monopole et pour la confiscation des droits de tous les Français, concentrés, comme un privilége immense, aux mains de quelques citoyens, au détriment de tous les autres, par une violation flagrante de l'article 1er de la charte qui déclare tous les Français égaux devant la loi : l'auteur de cette remarque est M. de Villèle, cet homme d'État si habile à rattacher des droits plus anciens aux institutions nouvelles. Les raisons politiques que donne M. de Corbière sont admirables de justesse, et les événemens qui sont intervenus depuis, leur ont imprimé un caractère, pour ainsi parler, prophétique. Il fait remarquer avec un sens profond qu'une société ne doit laisser aucun intérêt en dehors de la représentation, parce que les intérêts traités hostilement deviennent hostiles, et il reproche au projet ministériel d'être tombé dans ce grave inconvénient, en excluant la classe la plus nombreuse de la société. Il ajoute qu'on a eu tort de choisir une classe pour concentrer tous les pouvoirs dans ses mains, et il prouve qu'on l'a mal choisie, parce que ceux qui forment cette classe ne sont pas les plus intéressés à diminuer les charges de l'État, et sont également susceptibles d'être influencés tantôt par l'appât des salaires publics, tantôt par les chances trompeuses des révolutions ; de telle sorte que les colléges électoraux montreront, dans les temps ordinaires, trop de condescendance pour les ministres, et donneront, dans les temps de crises, un appui trop peu sûr au trône (1).

(1) Paroles de M. de Corbière.

M. de Corbière demande donc à la fois, au nom du roi et du peuple, au nom de l'ordre et de la liberté, que tous les intérêts soient représentés, et il proteste contre la nouvelle loi qui exclut de droit tous ceux qui se trouvent au dessous d'un chiffre d'imposition arbitrairement fixé, et de fait tous ceux qui se trouvent au dessus.

En même temps, les hommes de la droite proposent tout un système d'élection hiérarchique dont le premier degré est dans la commune, qu'ils appellent le premier élément politique de la société monarchique, l'unité première et génératrice (1), sans exclure, du reste, les autres combinaisons propres à rendre la représentation plus parfaite en la rendant plus complète.

Dans cette admirable exposition des principes royalistes, vous le voyez, rien n'est oublié, ni le pouvoir, ni la liberté, ni le roi, ni le peuple. Les hommes de la droite, animés d'une double sollicitude, ne veulent pas, pour la monarchie, d'une base aussi étroite et aussi peu profonde que le monopole, parce que l'édifice n'a de solidité qu'en raison de la largeur et de la profondeur de sa base. Ils comprennent que ce n'est pas une société arbitraire et factice, triée par le hasard d'un impôt fixe tarifé à cent écus, mais la grande société française avec l'universalité de ses intérêts, avec la hiérarchie de ses existences collectives, en partant de la commune, qui doit être représentée; et ils se portent les défenseurs de la classe inférieure, la plus exposée à des injustices par sa situation; ils demandent pour elle une participation aux élections pour qu'elle ait un appui dans l'ordre social, pour qu'elle acquiert des droits à des égards dont elle n'est pas indigne, et à un appui dont elle a besoin, pour qu'elle

(1) Paroles de M. de Bonald.

ne demeure pas dans un isolement nuisible à ses intérêts, dangereux pour la société tout entière.

Nous savons maintenant quels sont les principes des royalistes, nous savons même dans quels motifs ils les puisent. On ne peut dire qu'il s'agisse d'un thème fait pour la circonstance, il date de 1817 ; d'un levier d'opposition destiné à renverser le pouvoir, cette profession de foi politique remonte aux premiers jours de la restauration; d'un système qui soit le symbole particulier d'une seule nuance de notre opinion, ce symbole commun a été défendu par les Châteaubriand, les Villèle, les Bonald, les Corbière, les Montmorency, avant toutes les divisions politiques.

CHAPITRE III.

ORIGINE DES DIVERSES ACTIONS ADOPTÉES PAR LES HOMMES DE LA DROITE EN 1830.

I.

Réflexions préliminaires.

Monarchie héréditaire dans laquelle la légitime transmission du pouvoir est réglée par la loi salique, gouvernement monarchique, représentation universelle des intérêts réalisée par le vote gradué et à plusieurs degrés, tel était, nous l'avons vu, dès 1815 et 1817, le résumé des principes professés par les royalistes sur l'organisation de la société française. Ils demandaient dès lors des droits pour tous, des droits mesurés par les intérêts et formant une magnifique échelle de libertés, aboutissant à la représentation générale. Nous le rappelons encore une fois, il n'est plus possible de présenter ce symbole comme exceptionnel, puisque nous l'avons trouvé professé par les hommes de la droite, antérieurement à toutes les discussions qui se sont élevées au sein de l'opinion monarchique ; de même qu'il n'est plus permis de le repousser comme un programme de circonstance et une machine de guerre fabriquée contre l'ordre de choses actuel, puisque les hommes de la droite réclamaient la réalisation de toutes ces idées sous la Restauration que certes ils ne voulaient pas renverser.

Après être arrivés, par l'investigation historique, à déterminer les principes fondamentaux de l'opinion royaliste, reste maintenant à rechercher si ces principes sont professés par toutes les nuances de cette opinion, depuis la révolution de 1830, ou s'il y a scission sur les questions fondamentales entre ces diverses nuances. Pour résoudre ce problème, une fois encore nous interrogerons les faits, nous consulterons l'histoire? N'est-ce pas le meilleur moyen d'échapper aux préoccupations de l'esprit de système, et aux erreurs involontaires qui naissent de la prévention contraire ou favorable? C'est, comme nous l'avons annoncé au début de ces réflexions, l'histoire de l'opposition ou des oppositions royalistes qu'il s'agit de tracer ici, depuis ces treize dernières années. Nous laisserons parler les faits, ces témoins irrécusables, et nous substituerons, partout où nous le pourrons, le récit à l'appréciation politique, toujours exposée à devenir partiale, et toujours suspecte de l'être, alors même qu'elle est impartiale et désintéressée. Seulement nous sommes obligés, par la rigueur des temps où nous vivons, de présenter ici une observation : les lois de septembre, cette espèce de suspension de l'*habeas corpus* de la pensée, bien qu'elles soient des lois de circonstance par leur caractère, car elles sont en contradiction directe avec les principes fondamentaux du nouvel ordre de chose, c'est à dire avec l'omnipotence parlementaire et la souveraineté nationale, qui supposent le droit de tout discuter, ont été maintenues, malgré la disparition des circonstances qui les avaient fait naître; or ces lois refusent la faculté de proposer politiquement à l'adoption de la France, un principe autre que celui qui existe aujourd'hui. Les royalistes ne sauraient donc, sans tomber sous le coup de ces lois, et par conséquent sans voir arrêter la circulation de leurs écrits, adhérer, dans la discussion, au principe de la légitimité royale garantie par l'application de la loi salique, l'un des principes qu'ils défendaient en 1815 et en 1817. Sans doute aucune puissance humaine ne saurait les empêcher de déclarer, en étudiant ce gouvernement dans le passé, qu'il leur apparaît comme le meilleur de tous les gouvernemens. Mais on leur interdit d'y adhérer actuellement; de sorte que nous serons contraints de laisser à peu près de côté un des deux principes de 1815 et de 1817, et de nous occuper surtout de rechercher si les royalistes ont abandonné ou soutenu, depuis 1830, l'autre principe. Du reste, cette espèce de sous-entendu n'entraînera pas ici de graves inconvéniens, car c'est surtout sur le second principe, sur le principe de liberté, que l'on suppose que les royalistes sont gravement divisés.

Lorsqu'il s'est agi de trouver l'expression complète et vraie des principes des royalistes, nous avons relevé la tribune de 1817, et nous avons rendu la parole aux chefs de la droite, qui, au sortir du long despotisme de l'empire, établirent ces principes avec une si grande autorité. Maintenant qu'il s'agit de découvrir si ces principes sont restés ceux de toutes les fractions de l'opinion monarchique, c'est encore dans une assemblée politique que nous allons transporter nos lecteurs, dans celle qui accomplit la révolution de 1830. Là, nous prendrons les hommes et les choses à leur origine, nous verrons naître, comme à leur source, les divers courans d'opposition qui se sont développés depuis treize ans; nous verrons poindre toutes les actions royalistes, et il nous deviendra plus facile de nous rendre raison des diverses nuances de notre parti, d'apprécier les motifs des dissidences qui se sont élevés entre elles, et la possibilité ou l'impossibilité de rétablir l'unité sans laquelle il n'y a pas d'union.

II.

Les diverses actions royalistes constatées à leur origine.

Nous sommes en 1830. Treize années se sont écoulées depuis que M. de Châteaubriand a dit : « La loi d'élec- » tions des cent écus est une loi funeste et sotte, elle per- » dra la France ; une nouvelle révolution sortira de l'urne » électorale ; » depuis que M. de Bonald a ajouté, avec une tristesse pleine de prévision : « Le seul moyen de fonder » la représentation dans la nation et d'implanter la re- » présentation dans la constitution, et la constitution dans » l'Etat, c'eût été de prendre la commune pour première » pierre de l'édifice d'une représentation vraiment natio- » nale ; » depuis que M. de Corbière, avec une sagesse prophétique, s'est écrié : « Votre loi d'élection, qui exclut » de droit tout ce qui se trouve au dessous des cotes de » cent écus, de fait ce qui se trouve au dessus, donnera, » dans les temps calmes, des Chambres animées de trop » de condescendance pour les ministres ; dans les temps » de trouble et de passions, des Chambres d'un appui » peu sûr pour le trône : outre qu'elle rangera contre lui » tous les intérêts qu'on aura laissés en dehors de la re- » présentation, et qui deviendront hostiles parce qu'ils se » trouvent traités en ennemis. »

Il n'a fallu que treize ans pour réaliser ces tristes avertissemens. Le système dictatorial, dont les paroles de M. Cuvier offraient l'expression : *le roi le veut, le maître l'a dit*, n'ont pas sauvé la monarchie de 1817 à 1830. Les hommes et les choses ont marché assez vite pour que la loi d'élection qui instituait le monopole des cent écus, enfantât la révolution qu'elle portait dans son sein. Les Chambres, d'un appui peu sûr pour le trône, sont venues, comme M. de Corbière l'avait prévu, après les Chambres trop condescendantes pour les ministres. L'édifice auquel on avait donné pour support l'unité républicaine de l'individualité humaine, au lieu de l'unité monarchique, parce qu'elle est collective de la commune, s'est écroulé sur ses bases ruineuses; voici que la Chambre de 1830 déclare la succession d'une monarchie de huit siècles ouverte, et se charge d'adjuger la couronne, pendant que trois générations de rois s'avancent silencieusement vers l'exil.

Que vont faire les hommes de la droite dans cette grave circonstance ? De même que vous les avez vus revendiquer les libertés nationales en 1817, sous l'empire incontesté du principe monarchique, vous allez les entendre revendiquer le principe monarchique en face de l'empire incontesté des libertés nationales. C'est ainsi qu'ils se portent au secours de celui des deux principes constitutifs de la France qui est menacé, mais sans cependant abandonner l'autre, comme la suite de ce récit en offrira la preuve. En examinant soigneusement leurs paroles, en en mesurant la portée, vous apprendrez la source des diverses nuances d'opinions qui existent aujourd'hui dans le sein du parti royaliste, c'est à dire que vous verrez naître les différentes espèces d'actions politiques exercées par les hommes monarchiques ; il restera à examiner ensuite s'ils se réunissent ou ne se réunissent pas, quant aux principes fondamentaux, dans l'unité du même symbole.

III.

Action extra-légale et armée.

Le premier député de la droite qui prend la parole, dans cette séance du 8 août, avait montré, dès les cent jours, qu'il était un de ces cœurs ardens, un de ces caractères élevés, énergiques, que le péril inspire au lieu de les décourager. « La force, dit M. de Conny, ne cons-
» titue aucun droit... Rappelons-nous le, la France est en-
» chaînée par ses sermens ; ses sermens la lient au trône
» où doit monter celui que deux abdications y appel-
» lent. Nulle puissance n'a le droit de nous délier de nos
» sermens. En présence des droits sacrés du duc de Bor-
» deaux, l'acte qui élèverait au trône le duc d'Orléans,
» serait la violation de toutes les lois humaines. En restant
» fidèles à vos devoirs, vous épargnerez à votre patrie tout
» ce que l'usurpation traîne après elle de malheurs et de
» crimes. Les sentimens qui m'animent, je les proclame
» à la face du ciel, je les exprimerais à la bouche du canon.
» Si le principe de la légitimité n'était pas reconnu par
» la Chambre, je dois déclarer que je n'ai pas le droit de
» participer aux délibérations qui vont lui être soumises. »

Plaçons à côté de ces paroles de M. de Conny, un passage de la lettre célèbre qu'écrivit, à la même époque, M. le comte de Kergorlay au président de la Chambre des Pairs, et que M. de Montalivet, qui n'avait pas encore voix délibérative, dénonça à l'assemblée dont il faisait partie. C'est à titre de documens que nous citons ces diverses pièces, et comme des renseignemens utiles qui peuvent aider l'historien à marquer la naissance des diverses actions légales où illégales qu'exercèrent les royalistes depuis 1830.

« J'ignore, disait M. de Kergorlay dans cette lettre, en » vertu de quel droit cette élection et cette charte sont » faites. En prêtant serment à mes rois, j'ai cru le prêter » à des hommes sujets comme moi à l'erreur, et je n'ai » pas cru que les erreurs qu'ils pouvaient commettre me » dussent délier de mes sermens ni envers eux, ni en- » vers leurs légitimes successeurs. J'ai toujours considéré » l'hérédité du trône comme la plus solide garantie de » toutes les libertés, et je refuse de concourir à sa des- » truction, parce que je suis également convaincu que » cette destruction peut frayer parmi vous la route à » toutes les tyrannies. »

Puis, comme M. Persil, dans son réquisitoire, avait répondu à M. de Kergorlay, mis en accusation devant la Cour des Pairs, « que la souveraineté du peuple, érigée en » principe, avait donné le droit à la France de se choisir » un chef et de lui dicter les conditions sous lesquelles » elle consentait à le placer à sa tête, » M. de Kergorlay reprend : « Ce peuple, que fit-on pour le convoquer et » pour le consulter? Les révolutions sont d'ordinaire le » triomphe accidentel d'une minorité audacieuse sur la » volonté nationale prise au dépourvu. On a parlé du vœu » général de la nation, on a eu soin de ne pas essayer de » le constater. Lors du jugement de Louis XVI, ses dé- » fenseurs demandèrent l'appel au peuple, la Conven- » tion sentit assez quel en serait le résultat : elle le re- » fusa. » Ici M. de Kergorlay terminait par des paroles que nous ne reproduisons pas, parce que notre intention n'est point d'enflammer les colères politiques, mais de chercher à préciser historiquement l'origine de chacune des actions royalistes; nous nous contenterons donc de rappeler que ces paroles provoquaient un parallèle entre l'origine du fils du duc de Berry et celle du prince aujourd'hui régnant, qui n'avait pas été assez heureux pour n'avoir à pleurer que la mort de son père.

En entendant ce langage, de violentes apostrophes étaient échappées à M. Persil, des apostrophes qui achèvent de jeter une vive lumière sur la question que nous étudions. D'abord il s'était écrié : « Guerre, guerre à » mort à ceux qui se placent dans la position de M. de » Kergorlay; » puis il lui avait reproché « d'élever trône » contre trône et de donner le signal de la guerre civile. »

M. Persil ne se trompait pas. Le discours de M. de Conny, et la lettre ainsi que la défense de M. Kergorlay, annonçaient qu'il y avait, dans le parti royaliste, une nuance ardente qui, recourant aux moyens extra-légaux, en appellerait aux armes. Ce n'était pas en vain que les images de la guerre étaient apparues à la tribune et dans la salle d'audience, et c'étaient déjà des coups de canon que de semblables harangues. Il ne s'agit pas ici de nier l'illégalité de la guerre civile; c'est un fait historique que nous constatons. La veille même du 9 août, la guerre civile commençait; et il était indiqué que les refus de sermens ainsi articulés et les sentimens politiques qui se traduisaient en pareils discours, se traduiraient, si le pouvoir n'y mettait pas une extrême prudence, en coups de fusil.

On voyait donc, dès le 8 août 1830, qu'il y aurait dans le parti royaliste une action extra-légale, une action armée, ou plutôt cette action se manifestait déjà à la tribune des Députés par les paroles M. de le vicomte de Conny, et sur le banc des accusés où s'asseyait à la Chambre des Pairs M. le comte de Kergorlay.

IV.

Action légale et parlementaire.

Suivez la discussion du 8 août 1830, à la Chambre des Députés, et vous allez voir s'annoncer une autre action royaliste. M. Berryer est à la tribune ; cette grande voix, qui doit bientôt remuer toutes les âmes, n'a pas encore conquis sa puissance dans les luttes parlementaires ; elle est triste et comme voilée par la douleur, et c'est à peine si l'on entend tomber des lèvres frémissantes de l'orateur ce peu de paroles entrecoupées :

« Je comprends que je puis, comme député, avec le » pouvoir dont je suis investi par mes concitoyens, déli» bérer sur les modifications proposées à la charte. Mais, » interrogeant ma conscience, le besoin que j'ai d'affer» mir le repos de mon pays, je ne crois pas répondre » aux intentions, aux volontés, aux droits qui m'ont été » confiés, en votant premièrement sur la déclaration que » le trône est vacant en fait et en droit ; secondement sur » l'annulation des actes faits par l'autorité royale confor» mément aux lois, et sur lesquels une autre Chambre que » la nôtre est appelée à délibérer ; troisièmement, enfin » sur la proposition d'élire un roi de France : sous ces » trois rapports je ne puis prendre part à la délibéra» tion (1). »

(1) Séance du 8 août. — Voir le *Moniteur*.

Puis, quand la Chambre a passé outre, quand le moment de prêter le nouveau serment à un gouvernement institué sans le concours de sa volonté, est venu, M. Berryer se lève encore une fois et prononce ces paroles :

« La force ne détruit pas le droit; la légitimité des races royales est un droit plus précieux pour les peuples » que pour les races royales; mais quand la force domine » dans un État, les particuliers ne peuvent que se soumettre, et les gens de bien doivent encore à la société » le tribut de leurs efforts pour détourner de plus grands » maux. Dans cette seule pensée, je crois de mon devoir » de rester uni aux hommes honorables en qui je reconnais des intentions salutaires à mon pays, et je me soumets à prêter le serment qui est exigé de moi. »

Tel fut le sens des paroles que prononcèrent les hommes de la droite qui crurent devoir prêter le serment, à la Chambre des Députés comme à la Chambre des Pairs, où MM. le duc de Fitzjames et le marquis de Brézé déclarèrent qu'ils acceptaient « le seul moyen qui, dans la situation des choses, leur permît de contribuer au salut » de la patrie (1). »

C'est ici le cas de préciser d'une manière nette et claire le terrain où se plaçaient les hommes de droite qui, en échange du serment qu'ils prêtaient, acquéraient le droit d'exercer l'action parlementaire. Loin de nous la pensée d'embrouiller la question avec les subtilités de l'école, c'est avec des textes formels que nous essayerons de la résoudre.

En matière de serment, il y a un axiome presqu'universellement reconnu : c'est que le serment est prêté dans

(1) Paroles de M. de Brézé. M. le duc de Fitzjames avait fait une déclaration dans le même sens.

le sens de celui qui le demande. Il faut donc chercher dans quel sens le serment politique était demandé en 1830 : si c'était dans un sens de sujétion, ou seulement dans le sens d'une obéissance raisonnée aux lois, d'une promesse de ne pas recourir aux moyens extra-légaux, tant que le pouvoir resterait dans les termes de la constitution, mais de renfermer leur action dans le cercle des moyens réguliers, et de poursuivre, par les voies pacifiques et légales, le redressement des griefs du pays et toutes les mesures de bien public qu'on croirait nécessaires à la grandeur, au repos et à la prospérité de la France.

C'est dans le *Moniteur* lui-même, que les royalistes, qui prêtaient le serment politique exigé pour exercer l'action parlementaire, prenaient le sens de ce serment. Le matin du jour où les premiers sermens furent prêtés, le 10 août 1830, le *Moniteur* autorisant la ligne parlementaire dans la droite et fixant lui-même le sens du serment qu'on allait demander, contenait l'article suivant : « Qu'est-ce qu'un serment? C'est l'engagement, pour tout » fonctionnaire, de consacrer au bien du pays l'autorité » dont il est revêtu. Le principe du serment est donc le » bien public, et, si on le prête au souverain, c'est que le » souverain représente de fait tous les intérêts et tous les » droits de la nation ; mais n'est-il pas brisé de fait lors- » que ce même souverain ne représente plus aucun de » ces droits, aucun de ces intérêts? »

La séance du 7 août, pendant laquelle fut consommée la révision de la charte, avait fixé le sens du serment d'une manière plus précise encore que le *Moniteur*. On avait entendu alors M. Persil prononcer ces vives paroles : « Il faut dire que c'est du peuple, et du peuple » seul, que part la souveraineté ; il faut le dire, surtout

» au moment où le peuple se choisit un chef et délègue » à une nouvelle dynastie l'exercice d'une partie de cette » souveraineté. » C'est alors que M. Dupin rétablit la disposition suivante, proposée au nom de la commission : « La Chambre des Députés déclare que, selon le » vœu et dans l'intérêt du peuple Français, le préambule » de la charte constitutionnelle est supprimé, comme » blessant la dignité nationale en paraissant octroyer aux » Français des droits qui leur appartiennent essentielle- » ment. » Après avoir rétabli cette disposition, qui fut adoptée, M. Dupin ajouta : « Vous voyez, d'après cela, que » la proposition de M. Persil n'a plus d'objet (1). » Ainsi le rapporteur de la commission de la Chambre regardait cette disposition comme équivalente à la proposition de M. Persil; il regardait donc la souveraineté nationale comme le principe de la constitution, et n'admettait pas par conséquent que le serment entraînât la sujétion.

Dans la séance de la Chambre des Pairs du 23 août 1830, M. le duc de Broglie, parlant au nom du gouvernement (2), venait confirmer ces paroles : « Je ne connais » au serment qu'une seule exception, disait-il, la non » réciprocité d'engagement entre celui qui le prête et ce- » lui qui le reçoit; c'est à la condition que le roi actuel » tiendra les sermens qu'il a prêtés, que ceux qu'on lui a » donnés seront valables. »

Les vives paroles que M. le comte de Kergorlay prononça devant la Chambre des Pairs, à l'époque de son procès, obligèrent M. Persil, qui exerçait les fonctions du ministère public, à expliquer d'une manière plus formelle

(1) *Souvenirs historiques sur la Révolution de* 1830, par Bérard, page 306.

(2) Il était alors ministre de l'instruction publique.

encore les principes qui dominaient le nouvel ordre de choses, et qui, par conséquent, fixaient le sens du serment. Poursuivi par l'inexorable accusé, qui le poussait de proche en proche, en invoquant le principe monarchique devant lequel M. Persil reculait comme devant une épée nue dont il aurait senti la pointe acérée sur sa poitrine, l'avocat général du nouveau roi des Français se précipita dans la souveraineté du peuple comme dans le seul asile qui lui restât.

« Si M. de Kergorlay avait lu le préambule de la charte, » s'écriait M. Persil, il y aurait appris que le roi était élu » et la charte faite en vertu de la nécessité qui résultait » des événemens de juillet, et de la situation générale » où la France se trouvait placée à la suite de la violation de la charte de 1814; il y aurait vu que la souveraineté du peuple érigée en principe avait autorisé à » déclarer vacant un trône qui n'avait su ni se soutenir » ni se défendre, et que nul, au jour du danger, n'était » venu appuyer; il y aurait appris que, par suite de cette » souveraineté populaire, la France était rentrée dans le » droit naturel de se choisir un chef, et de lui dicter les » conditions sous lesquelles elle consentait à le placer à » sa tête. Vainement on dira que les députés n'avaient » pas de mandat. Nous répondrons que le mandat des » députés n'a pas de limites; que, nommés dans l'intérêt des peuples, ils en ont tous les droits; qu'ils peuvent » tout ce que la nécessité des temps et des circonstances » prescrit, et que leurs actes sont obligatoires quand ils » ont l'assentiment national. Quand un roi manque à » ses engagemens, quand il déchire le contrat exprès ou » tacite fait avec son peuple, celui-ci rentre dans tous ses » droits par la résiliation du pacte ; si le peuple le laisse » tomber ou s'il dispose de la couronne, ce n'est pas là de

» la violence, c'est seulement de la justice. On nous de-
» mandera à qui appartiendra de juger la violation et le
» moment où commence pour le peuple le droit de faire
» descendre le souverain de son trône? A la raison pu-
» blique, à ce tribunal auguste que l'on sent et que l'on
» trouve partout, à cette autorité infaillible à laquelle il
» n'est pas permis de résister. »

Ainsi la position des royalistes qui exerçaient l'action parlementaire était parfaitement fixée. Ils prêtaient le serment, c'est le *Moniteur* qui l'avait dit, « de consacrer au bien du pays l'autorité dont ils étaient revêtus. » Ce serment n'entraînait pas la sujétion, puisque M. Dupin reconnaissait, au nom de la Chambre, avec M. Persil, que la souveraineté partait de la nation. Ce serment, c'est le duc de Broglie qui le proclamait, au nom du nouveau gouvernement dont il était ministre, était synallagmatique, c'était le serment aragonais : sinon, non. « Le serment n'était valable qu'à condition que le nouveau roi tiendrait celui qu'il avait lui-même prêté (1) » Enfin M. Persil, avocat général, portant la parole devant la Cour des Pairs, déclarait que le nouvel ordre de choses et par conséquent les engagemens qu'on prenait envers lui étaient dominés par *la souveraineté du peuple érigée en principe,* » l'omnipotence parlementaire, *qui n'avait pas de limites puisque les députés nommés dans l'intérêt du peuple pouvaient tout ce que la nécessité des temps et des circonstances prescrivait;* » et enfin par la toute puissance de la raison publique à qui « *il appartenait de juger la violation du pacte fondamental et le moment où commence pour le peuple le droit de faire descendre le souverain du trône.* »

(1) Paroles du duc de Broglie.

Le serment exigé était donc, suivant l'organe officiel, les ministres et les fonctionnaires du gouvernement, synallagmatique, conditionnel, subordonné à un changement motivé de la part de la volonté nationale, au pouvoir sans limites du parlement qui prenait conseil de ce que la nécessité des temps et des circonstances prescrivait, et enfin aux arrêts suprêmes de la raison publique. Il était évident qu'un serment ainsi défini par ceux qui le demandaient, n'avait rien de commun avec les anciens sermens religieux et monarchiques; par exemple, avec celui des membres de l'ordre du Saint-Esprit, par lequel on s'engageait à défendre le chef de l'ordre en toute occasion, quelle qu'elle fût, contre quiconque pouvait vivre et mourir; de le suivre en toute circonstance, d'épouser toutes ses querelles, de lui donner tout son sang.

Il ne servirait à rien de dire que les hommes de la droite, ne professant ni le principe de la souveraineté du peuple, ni celui de l'omnipotence parlementaire, ni cette espèce d'autorité sans limites attribuée à la raison publique, ne pouvaient invoquer ces principes. Sans doute si les hommes de la droite avaient pu faire prévaloir leur pensée, ils n'auraient pas pris ces principes pour bases de la société ; mais il ne dépendait pas d'eux qu'on ne les eût pas pris, que le nouvel édifice politique fût construit dans d'autres conditions que celles où il était construit. Dès qu'ils y entraient, ils trouvaient, soit qu'ils le voulussent, soit qu'ils ne le voulussent pas, ces bases sous leur pieds. Ce n'était point là une chose facultative, c'était une chose inévitable et nécessaire. Ce n'était pas eux qui avaient fait la règle du jeu ; mais du moment qu'ils prenaient les cartes, la règle existait pour eux comme pour tous les autres joueurs.

Un instant de réflexion suffit pour comprendre qu'il

n'y avait pas d'autre position possible, dans les assemblées délibérantes, pour les hommes de la droite. C'eût été, en effet, une folie et une lâcheté de leur part, de transporter leur dévouement monarchique au nouvel ordre de choses, et de se faire les royalites de la nouvelle monarchie en prenant ce mot de royaliste dans son sens ancien : une folie, parce que cet ordre de choses étant fondé sur la souveraineté populaire, l'omnipotence parlementaire et la suprême puissance de la raison publique, les sentimens et les idées des hommes de la droite, applicables sous l'empire du principe monarchique, cessaient d'avoir une application possible au nouveau pouvoir, sous l'empire de ces nouveaux principes, et seraient devenus un contre-sens sans valeur, une impuissante anomalie; une lâcheté, parce que s'ils pouvaient avec honneur consacrer à leur pays toutes les lumières de leur intelligence et toutes les forces de leur volonté, il ne leur séyait pas d'abjurer des affections que le malheur d'une race auguste avait rendues plus saintes et plus inviolables; soumis à la loi, mais conservant la liberté de leurs sentimens, les courtisans de l'exil et de l'infortune, comme les avait appelés si noblement M. de Châteaubriand, ne pouvaient devenir les suivans de la prospérité. Sujets, les hommes de la droite ne pouvaient l'être, d'abord parce qu'il n'y avait plus de sujets sous le nouveau régime, comme la protestation des 164 contre l'expression inconstitutionnelle employée par M. de Montalivet, vint bientôt l'établir avec une nouvelle force; ensuite, parce que s'il avait fallu accepter ces liens de sujétion sous le nouveau régime, ils en auraient été empêchés par leurs principes, et auraient préféré renoncer à la vie politique. Les hommes de la droite qui prêtaient le serment, ne pouvaient et ne voulaient donc être que les serviteurs de la chose publique, résolus à remplir leurs engagemens envers le pouvoir dans la mesure où ils avaient été pris, à tenir le serment dans le sens où il avait été prêté, c'est à dire dans le sens où, comme on vient de le voir, il avait été demandé.

C'est ainsi que M. Berryer expliquait sa position et celle de ses amis, en même temps que la nature de l'action parlementaire des hommes de la droite, en prononçant les paroles suivantes dans la défense de M. de Kergorlay : « Il en est qui ont considéré que le nouveau gouvernement lui-même déclarait officiellement que le nouveau serment demandé n'était qu'un engagement de consacrer au bien public l'autorité dont on était revêtu ; ils en ont conclu dès lors que ce n'était pas un acte de foi à de nouveaux principes ; ils ont pensé que c'était un moindre mal pour le pays d'être gouverné par un pouvoir nouveau que de manquer entièrement de gouvernement. Ils ont compris enfin, qu'indépendamment de leurs devoirs envers le roi légitime, ils avaient des devoirs envers leur pays, et qu'en protestant pour le droit qu'aucune force sur la terre ne peut détruire, ils devaient se soumettre à une condition pressante, et ne pas abandonner aux hommes d'une opinion contraire, les intérêts de ceux qui partagent les mêmes sentimens. »

Il se trouvait donc qu'une fraction des hommes de la droite adoptait, dès l'origine, l'action légale et parlementaire, et restait dans le parlement pour défendre les intérêts de la France, tandis qu'une autre fraction adoptait, comme on l'a vu, l'action extra-légale et armée.

V.

Action légale exercée par la revendication du droit commun.

Une troisième action s'annonçait encore à la Chambre dans la droite, sans qu'elle fût aussi bien définie et aussi claire qu'elle le devint un peu plus tard. Cette action devait avoir son principal levier dans la presse, et surtout dans un des organes les plus accrédités de la presse monarchique à Paris, dans la *Gazette de France*, qui tirait une grande autorité, non seulement du mérite incontestable et incontesté de ses publicistes, mais de ses rapports bien connus avec un homme d'Etat qui, après avoir été un des chefs de l'opposition de 1815, avait conduit les affaires du pays pendant sept ans et avait été le chef des conseils de la restauration sous deux règnes. Cependant, même à l'époque dont nous parlons, on vit les préliminaires de cette action royaliste, qu'on nous passe ce terme, se manifester à la tribune. Elle commença à s'exercer dans un discours remarquable de M. Fleury (de l'Orne), qui adressait ces paroles à la Chambre, dans la séance du 8 août :

« Les événemens qui se sont passés ont ramené les » choses au point de l'abdication de Charles X et de son » fils. Il y a nomination d'un lieutenant-général, d'abord » par les députés de la France, ensuite par les princes » qui ont abdiqué ; des deux côtés le duc d'Orléans est in- » vesti de la lieutenance générale. Tout se trouve donc » aujourd'hui rassuré comme par enchantement, de ce » qu'il n'y a qu'un moment tout était compromis. Ainsi » donc point de précipitation, point d'allégation possible

» d'urgence. Suivons la marche tracée par nos intérêts » intérieurs et extérieurs, par nos intérêts les plus pré» cieux, les plus chers : ceux de la patrie avant tout. Mo» difions la charte, perfectionnons toutes nos institutions, » votons les impôts, faisons en un mot tout ce qu'il faut » pour que l'administration marche et marche bien. Mais » pour décider une question aussi importante que celle » de l'élection d'un roi, que le prince lieutenant-général » convoque de suite ou dans quelque temps les colléges » électoraux pour envoyer des députés avec un mandat » *ad hoc* pour une circonstance aussi importante. »

Cette revendication des mandats, cette demande de la convocation des colléges électoraux et de la nomination d'une nouvelle Chambre, était, on ne peut se le dissimuler, un appel à la nation; et c'est en cela que nous avons pu dire que déjà commençait l'action que la *Gazette de France* et les royalistes qui marchaient avec elle allaient exercer. Cette action devait être, en effet, un appel perpétuel à la France, un appel aux intérêts généraux contre les intérêts particuliers, au droit commun contre le monopole; et pour inaugurer une action de cette nature avec toute la liberté et toute la suite qu'une pareille mission réclame, il fallait être naturellement placé sur le terrain le plus large qui pût se rencontrer, et en dehors du cercle des intérêts qu'on allait attaquer. Or, la presse est moins élevée, mais plus large que la tribune. Elle agit sur les idées qui contiennent les faits, tandis que la tribune contracte de son voisinage avec les faits, une certaine faiblesse quand il faut agir sur les idées. Il y a souvent con tradiction entre l'influence extrà-parlementaire et l'influence parlementaire; l'autorité qu'on cherche à acquérir dans l'enceinte législative peut nuire à celle qu'on aurait au dehors, et réciproquement.

On devait donc s'attendre à voir l'action dont nous parlons s'exercer d'abord par la presse, par les protestations, par les pétitions, par tous les moyens moraux placés en dehors des positions politiques dominées par les faits existans, dans toutes les voies par lesquelles on peut arriver à l'opinion publique, cette puissance un peu vague, mais qui, avec le temps, finit par dominer toutes les autres puissances; ce courant que, dans les temps ordinaires, les gouvernemens remontent sans peine, mais qui, grossissant peu à peu, devient un torrent qui emporte tous les obstacles.

Pour résumer et simplifier notre pensée, disons que tandis qu'il était indiqué qu'une fraction de la droite en appellerait aux armes et se jeterait dans les moyens extrà-légaux pour agir immédiatement sur les faits, et qu'une autre fraction de la droite se préparerait, d'un autre côté, à agir, à plus longue échéance, sur les faits, par les voies légales et parlementaires, en se maintenant, dans les deux Chambres, une troisième fraction de la droite, restant en dehors des faits, s'attacherait spécialement à agir sur les idées. Elle différait de la droite armée en ce qu'elle ne voulait pas sortir du cercle des moyens pacifiques et réguliers; de la droite parlementaire, en ce qu'elle renonçait à avoir une action immédiate sur les faits politiques, et qu'elle demeurait en dehors du nouvel édifice pour parler à tout le monde. Une épée à demi-sortie du fourreau, une tribune élevée mais renfermée dans un édifice politique dont les clefs étaient dans des mains ennemies, une plume volant sur les ailes de la pensée d'un bout de la France à l'autre, telles sont les images qui peuvent donner la plus juste idée des trois actions que les différentes fractions du parti royaliste s'apprêtaient à exercer.

RÉSUMÉ.

Nous avons jusqu'ici fixé trois points intéressans, parce qu'ils dominent toute la question que nous avons entrepris de résoudre. D'abord nous avons fait observer qu'il y avait une grande différence, en politique, entre les principes et les moyens d'action, et qu'il pouvait y avoir, avec des principes communs, des actions très diverses. Ensuite nous avons recherché quels étaient les principes communs aux royalistes; et, pour arriver à une expression incontestable et incontestée de ces principes éternels observés en dehors des circonstances particulières au milieu desquelles nous nous trouvons, nous avons franchi d'un bond plus d'un quart de siècle, et nous sommes allés demander à la majorité royaliste de 1815 et à l'opposition royaliste de 1817, quels sont les principes fondamentaux des hommes monarchiques.

Nous nous sommes mis ainsi en possession de leur symbole, qui réclame une double satisfaction, donnée aux intérêts d'ordre et de liberté, par la combinaison d'une royauté forte gouvernant monarchiquement, et de la représentation générale des intérêts des contribuables dans une assemblée nommée, au moyen de l'élection à plusieurs degrés, élection assise sur la double base de la richesse et de la population, partant de la commune et admettant le concours de toutes les familles d'intérêts qui existent dans la société à l'état collectif (1), de manière à faire entrer dans le vote électoral la société réelle, telle qu'elle est faite, avec toutes les natures d'influence qu'elle contient, avec la hiérarchie de ses intérêts, au lieu d'une société factice, arbitraire, triée sur le volet et d'après le hasard d'un cens arbitrairement fixé.

Alors nous sommes redescendus vers 1830, nous avons recherché, à l'origine du nouveau pouvoir, dans quelles voies les royalistes s'étaient placés, et nous avons rencontré trois genres d'actions royalistes : une action extralégale, l'action armée; deux actions légales, l'action parlementaire s'exerçant sur les faits, une seconde action légale sans être parlementaire et s'exerçant sur les idées par la revendication des droits généraux.

Que reste-t-il à faire maintenant? Il s'agit de savoir si les trois actions royalistes que nous venons de signaler en 1830, se rencontrent ou ne se rencontrent pas sur le terrain des principes communs proclamés en 1815 et en 1817. Pour arriver à résoudre ce nouveau problème, il faut esquisser d'une manière rapide le développement des trois actions qu'exercèrent simultanément les royalistes.

(1) C'est ce que répondit, en 1817, M. de Villèle à un orateur qui demandait que toutes les corporations d'intérêts trouvassent place dans le système électoral.

LIVRE DEUXIÈME.

HISTOIRE DE L'OPPOSITION ROYALISTE DE 1830 A 1843.

CHAPITRE I.

HISTOIRE DE L'ACTION ARMÉE.

I.

Des causes qui contribuèrent à exciter la guerre civile.

Nous avons vu naître au sein même des séances parlementaires qui suivirent les trois jours et précédèrent le 9 août, les sentimens qui enfantèrent l'action armée. Elle existait donc en germe, dès le lendemain de la révolution de 1830; ce germe se développa sous l'empire des circonstances qui concouraient de toutes parts à faire éclater ce feu qui couvait sous la cendre. Les insolences de la victoire du libéralisme, qui fut sans pitié pour ceux qu'il appelait les vaincus; les provocations de la tribune et de la presse, qui firent dire un jour à un député à l'époque de la proposition Baude : « Mais vous jouez à la guerre civile (1) ; » la chute si rapide de la restauration, qui fit croire à plusieurs de ses adhérens qu'un coup de main pouvait rétablir ce qu'un coup de main avait renversé;

(1) Ce fut, si nos souvenirs ne nous trompent pas, M. de Francheville.

l'enthousiasme qu'avait laissé dans le midi la conquête d'Alger ; la parole donnée par la duchesse de Berry, en 1828, à la Vendée, de venir se placer au milieu des Vendéens si jamais la royauté était attaquée ; la lutte de l'uniforme et de la veste, qui avait laissé des ressentimens militaires dans le cœur d'un bon nombre d'officiers ; le désir de prendre la revanche dont on avait manqué l'occasion à Rambouillet, et, surtout et avant tout, la crainte d'une guerre étrangère que les hommes de la droite qui se jetèrent dans cette action extra-légale, voulaient prévenir, pour qu'on ne pût les accuser de l'avoir provoquée : voilà quels furent les principaux élémens de la situation qui aboutit à la prise d'armes de 1832. Il était politiquement indiqué que la guerre civile éclaterait, et cela est si vrai que le gouvernement entretenait une armée en Vendée pour parer aux éventualités qui devenaient de plus en plus probables pour les esprits attentifs.

Du reste, nous pouvons ici invoquer, à l'appui de ces réflexions, le témoignage de deux hommes peu suspects, car l'un, M. de Salvandy, a été ministre et ambassadeur de l'ordre de choses actuel, et l'autre, M. le général Dermoncourt, était l'antagoniste direct des royalistes armés, puisqu'il fut chargé par le gouvernement de diriger toutes les opérations militaires de l'Ouest.

« Cette femme, cette mère, disait M. de Salvandy (1) » en parlant de S. A. R. Madame, duchesse de Berry, » a entendu les mécontentemens de la France royaliste, » de la France religieuse, de la France propriétaire, » comme sur le rocher de l'île d'Elbe, Napoléon entendait les soupirs de ses vétérans. Elle a compté les intérêts froissés, les principes méconnus, les alarmes

(1) *Paris, Nantes et la Session*, par M. de Salvandy.

» excitées jusqu'au sein de l'opinion constitutionnelle.
» Elle a vu tous les mécomptes de cette foule de serviteurs
» et d'amis de la monarchie antique, qui ont été frappés
» les uns après les autres : le grand seigneur dans ses
» charges, le pair du royaume dans sa dignité, le fonc-
» tionnaire dans ses emplois, l'officier dans la croix de
» Saint-Louis, dont la restauration avait payé son sang
» versé à Austerlitz. Dans l'exil, l'oreille est frappée de
» toutes les plaintes, l'âme est saisie de tous les griefs,
» l'espérance s'éveille à tous les désespoirs !

» Un autre spectacle la frappe en même temps. Elle
» voit, pendant deux années consécutives, la sédition,
» les désordres, l'anarchie, sous tous les prétextes, sous
» toutes les formes, épouvanter de leur audace toutes les
» cités de la France, ces fléaux renaître sans cesse d'eux-
» mêmes, braver le pouvoir et les lois, désoler le com-
» merce et l'industrie, insulter enfin de toutes parts à la
» raison, à la paix, à la fortune, à la gloire d'un grand
» peuple; *et comme elle porte dans son giron un principe*
» *d'ordre*, elle se croit dès lors armée de l'ordre tout en-
» tier. Si elle juge le moment venu d'offrir sa panacée ré-
» paratrice à la France fatiguée, qui accuserons-nous le
» plus haut avec justice : sa méprise et sa confiance, ou
» bien nos misères et le parti qui les a faites ? »

Le général Dermoncourt, de son côté, terminait ainsi son livre sur la prise d'armes de 1832 : « Je n'ajouterai
» qu'un mot à ce que j'ai dit du caractère et du courage de
» Marie-Caroline. Si Marie-Louise lui eût ressemblé,
» nous n'aurions pas vu tant de défections honteuses et
» les Cosaques à Paris. Si Marie-Caroline avait pu ras-
» sembler seulement 5 ou 6,000 hommes, et, quarante
» jours plus tôt, cela était très possible, ses amis et ses
» *ennemis* qui hésitaient, se fussent décidés, et peut-être

» ne dirait-on pas aujourd'hui que son entreprise était » une folie. »

Voilà l'opinion de deux hommes éminens du parti contraire, sur l'importance des causes qui contribuèrent à provoquer l'action extra-légale et armée des royalistes, et sur les chances de succès que pouvait avoir cette action.

II.

Résultat moral de l'action armée.

Nous ne venons pas ici, nous l'avons dit d'avance, faire l'apologie de la guerre civile; ceux qui croient avoir le droit de lever le drapeau contre un gouvernement, quittent la plume et prennent l'épée. Notre seule tâche est d'apprécier les conséquences morales de l'action armée, exercée par une fraction des royalistes en 1832, et surtout d'arriver à découvrir si les royalistes qui marchèrent dans ces voies, manifestèrent, quant au gouvernement qu'ils voulaient établir, des intentions opposées aux principes unanimement professés par les royalistes en 1815 et 1817. Il est de notre droit d'écrivain d'éclaircir ces deux points historiques; une entreprise, quelque contraire qu'elle puisse être aux lois établies, n'a pas moins, même lorsqu'elle échoue, des conséquences morales qu'il est permis d'apprécier, et les sentimens et les idées de ceux qui ont tenté cette entreprise, ne peuvent pas moins, quoi qu'on puisse penser de son caractère d'extralégalité, être en rapport ou en désaccord avec certains principes.

Depuis la révolution de 1830 on avait souvent parlé avec injure de ce qu'on appelait la défaillance de Rambouillet. On s'était attaché à représenter comme une preuve de l'abâtardissement de la race de Louis XIV, le départ des princes, qui avait été en réalité déterminé par la bonté du roi Charles X, reculant devant la pensée de rentrer dans sa capitale au prix de tout le sang français qu'il aurait fallu verser, si, comme M. le maréchal Maison le lui avait affirmé, il eût été vrai que cent mille hommes marchaient contre Rambouillet. Ces injures tombaient naturellement devant la tentative de MADAME, duchesse de Berry. Ceux-là qui blâmaient le plus l'emploi qu'elle avait fait de son courage, ne pouvaient s'empêcher de reconnaître qu'elle avait montré un rare mépris du danger et une fermeté extraordinaire, dans l'expédition qu'ils condamnaient (1). N'avait-elle pas été vue, traversant la France entière en voiture découverte, et échappant aux recherches de la police, précisément par le peu de soin qu'elle prenait de se cacher? Puis, partageant sans doute l'opinion de M. Thiers qui a écrit dans son *Histoire de la Révolution* : « Il » n'y avait rien d'indigne à chouanner dans les bois de la » Bretagne, dans les marais et les bruyères de la Vendée; » un prince sorti de cette retraite pour remonter sur le » trône de ses pères, n'eût pas été moins glorieux que » Gustave Wasa, sorti des mines de la Dalécarlie; » n'avait-elle pas, cédant à cette provocation historique d'un ministre de juillet, chouané pendant plusieurs mois, dormant sur la dure, quand elle dormait, cachée dans les bois au risque d'être cent fois fusillée, pansant les blessés de ses propres mains, surmontant toutes les fatigues,

(1) Ce fut ce que dit un avocat général dans son réquisitoire sur une des nombreuses affaires de l'Ouest.

courant et bravant tous les périls? Quelqu'opposé qu'on fût à l'entreprise de Madame, duchesse de Berry, de quelque blâme que l'on frappât l'illégalité notoire de sa tentative, il fallait donc bien reconnaître que le sang des gagneurs de bataille ne s'était pas refroidi dans ses veines, et qu'elle l'avait transmis intact à son fils Henri de Bourbon, en montrant que la race de Louis XIV n'était pas abâtardie.

En même temps, les royalistes qui avaient adopté l'action armée, tout en encourant, comme la duchesse de Berry, le reproche d'avoir fait quelque chose de notoirement illégal, se trouvaient avoir répondu au reproche de couardise qui pèse d'un poids encore plus lourd en France sur la poitrine d'un homme de cœur, et qu'on ne leur avait pas épargné, depuis 1830. Leurs adversaires eux-mêmes, avec cette impartialité qui est naturelle en France, rendirent justice à l'intrépidité militaire qu'avaient montrée les insurgés dans le combat du Chêne, où les royalistes, guidés par le baron de Charette, virent tomber sous les balles M. le comte d'Hanache, M. de Trégomain, M. de Bonrecueil, Grimeau (de Nantes), Guillebeau (de Sainte-Lumine), Thalé (de Saint-Philbert) (1); et nous avons entendu, depuis, des écrivains républicains s'écrier à ce sujet : « Il y eut, des deux parts, bien du courage déployé et trop de sang français inutilement répandu dans ces escarmouches ignorées. Les combats du Chêne, du château de la Pénissière, et nombre d'autres engagemens, montrèrent ce que tout le monde sait, qu'il y a de l'intrépidité partout où il y a des hommes convaincus. Le duc d'Enghien écrivait, le 13 août 1793, après la journée d'Oberkamlach, où il avait eu une

(1) Journal militaire d'un chef de l'Ouest.

» chaude affaire avec une division républicaine : « *Il n'y* » *a rien d'égal à la valeur des Français royalistes, que la* » *valeur des Français républicains.* Nous retournerons sa » phrase, pour l'appliquer aux luttes de la Vendée » en 1832, car, sous quelque drapeau qu'ils tombent, » nous honorons les hommes qui, à cette époque d'é- » goïsme et de couardise, scellent leur foi politique de » leur sang et meurent pour un principe (1). »

Quelque chose de plus ! Ce fut le général Dermoncourt lui-même qui se fit l'historien de la prise d'armes de 1832. Il raconta cette lutte inégale soutenue, dans le château de la Pénissière, contre deux cents hommes, par quarante-cinq jeunes gens, résistant à la fusillade et aux assauts pendant plusieurs heures, l'incendie sur la tête et sous les pieds, car on avait mis le feu à la métairie qu'ils occupaient. Il dit comment les assiégés, aux sons de deux clairons qui jouaient des fanfares royalistes, répondirent à toutes les sommations par des coups de fusil, et, quand la résistance devint impossible, résistèrent encore; comment les deux frères qui les commandaient, voyant que l'édifice allait s'écrouler et les engloutir avec leurs compagnons dans un sépulcre de feu, s'embrassèrent pour ne plus se revoir, l'un se dévouant, avec huit hommes, à demeurer dans la métairie, pour favoriser, par une vive fusillade, la sortie que l'autre allait tenter; et comment le clairon qui marchait en tête de cette portion de la petite garnison, reçut trois balles et ne cessa pas de jouer; et l'historien, arrivé à la fin de son récit, ajouta « qu'il était fâcheux qu'on n'osât pas faire con- » naître le nom de pareils hommes ! »

(1) Les auteurs de la *Biographie des Hommes du jour*, MM. Sarrut et Saint-Edme.

Alors il ne fut plus possible de demander, comme on le demandait à la tribune et dans les journaux depuis deux ans, où étaient les royalistes à l'heure du péril. Sans doute la prise d'armes de 1832 ne cessa pas d'être illégale, mais les hommes de la droite se trouvèrent avoir percé, à la pointe de l'épée, ce nuage d'injurieux soupçons qu'on avait fait peser sur le courage des royalistes.

Il ne fut plus possible non plus de demander, comme tant de fois on l'avait demandé, en particulier M. Persil, à la Chambre des Pairs, où était le dévouement antique des hommes de la droite pour la maison royale de Louis XIV, et ce qu'étaient devenus cet enthousiasme et cette persistance royalistes dont l'histoire seule offrait le souvenir (1). Madame, traversant la France et se faisant connaître de tant de personnes sans être dénoncée ; allant, en Vendée, de chaumière en chaumière, sans trouver une seule fois la trahison au lieu de l'hospitalité, dans la maison à la porte de laquelle elle était venue frapper ; ces Vendéens si dévoués qui, après avoir servi de guides à la princesse pendant toute une nuit, retournaient en arrière, à la pointe du jour, afin d'effacer la trace de ses pieds d'enfant qui l'aurait trahie ; des femmes, bravant tous les périls pour les partager avec la mère de Henri de Bourbon, comme madame de La Rochejaquelein, Mlle Félicie de Fauveau, Mlles de Kersabiec ; Mlles du Guigny, ne craignant pas de s'exposer aux poursuites pour la recevoir ; Charlotte Moreau et Marie Boissy, deux pauvres servantes vendéennes, résistant à toutes les offres comme à toutes les menaces plutôt que de la dénoncer, et apprenant au juste-milieu que l'honneur ne s'achète pas en

(1) M. Persil avait dit : « Un trône que nul n'est venu soutenir. »

Vendée ; tant d'adresses, envoyées de tous les points de la France, pour protester contre la captivité de la duchesse de Berry ; M. de Châteaubriand, ce génie de tant de cœur, dont les redoutables brochures avaient battu en brèche le nouveau pouvoir, écrivant à la captive que « la dernière ambition de sa vie était d'être choisi par elle » comme un de ses défenseurs, et qu'il sollicitait cette fa- » veur auprès de ses grandeurs nouvelles ; » M. Janvier lui disant à son tour : « Mon libéralisme s'incline d'ad- » miration devant votre courage de femme et votre dé- » vouement de mère ; je glorifie en vous ce qui est grand » et saint, au dessus des misères de la politique : l'hé- » roïsme du sentiment et de la volonté ; » il y eut dans cet ensemble de faits quelque chose de grave, comme on put s'en convaincre lorsque, pour empêcher la mise en accusation de la princesse, on entendit M. de Broglie s'écrier, à la tribune, la terreur peinte sur le visage : « Voyez » accourir de toutes les extrémités du royaume les enne- » mis du gouvernement actuel ; ce n'est ni par cent ni par » mille qu'il faudra les compter, c'est par centaines de » mille. Avez-vous vu, lors du jugement des ministres, Pa- » ris tout entier sous les armes, la capitale présentant l'as- » pect d'une ville qui va subir l'assaut? Eh bien! vous » n'avez rien vu! Avez-vous vu les désordres de Lyon? » vous n'avez rien vu! Avez-vous vu les scènes du mois de » juin? vous n'avez encore rien vu (1)! »

(1) Discours de M. de Broglie dans la séance du 5 janvier 1833.

III.

Les Royalistes de l'action armée ne voulaient pas la guerre étrangère.

Il reste à indiquer un autre résultat de l'expédition de 1832; c'est la manifestation des sentimens nationaux des hommes de la droite qui s'étaient jetés dans l'action armée. C'était surtout cette nuance de l'opinion royaliste qu'on avait accusée de vouloir accomplir une restauration par l'étranger. Or, voici comment ils exprimaient, dès le 7 janvier, leurs idées et leurs sentimens sur cette grave question, dans un journal qui était, à cette époque, l'interprète connu de la partie la plus ardente et la plus militaire de l'opinion royaliste :

« Ce ne sont pas les partisans du droit en France qui » appelleraient ou qui seconderaient les armées étran» gères, dans l'hypothèse d'une nouvelle invasion pro» chaine ou éloignée; car, pour eux, les doctrines natio» nales ne doivent triompher que par leur propre force » et leur propre justice. Si l'on a dit qu'avec une révolu» tion sans cause, sans but, et, par conséquent, sans » énergie, nous craignions la guerre, on a eu raison; si » l'on a dit que nous l'appellions de nos vœux, on a eu » tort. Sous Charles VII, ce ne furent pas les royalistes » qui appelèrent l'étranger, ce furent eux qui le chassè» sèrent (1). »

Six mois plus tard, le 26 août 1831, à l'occasion de la guerre qui paraissait imminente, par suite des compli-

(1) La *Quotidienne*, alors dirigée par M. le baron de Brian.

cations survenues dans la question belge, les royalistes de la même nuance renouvelaient leur profession de foi à cet égard, avec plus d'énergie et d'une manière plus complète encore, dans une espèce de manifeste qui avait pour titre : *Les Royalistes ne peuvent pas vouloir la guerre.*

« Sous le gouvernement royal, disaient-ils, l'idée » d'une guerre avantageuse à la France pouvait naturelle- » ment se présenter aux royalistes, et trouver chez eux fa- » veur et appui. Après avoir reçu la patrie sanglante et » mutilée, au sortir de sa dernière catastrophe, une » nouvelle mission commençait pour eux. Ils pouvaient » en appeler de la France de Waterloo à la France d'Al- » ger. Une guerre d'intérêts, une guerre ayant pour but » avoué de recouvrer nos limites naturelles, objet d'une » constante et légitime ambition, pouvait, devait même » être désirée, demandée par les royalistes. Mais la ré- » volution de juillet est venue changer la face des affaires, » en se jetant au travers des grands événemens qui se » préparaient dans le monde politique. On a reculé de » quinze ans en trois jours, et la France de 1830 s'est » retrouvée, en 1815, obligée de mettre ses espérances » dans des traités qui, trois jours auparavant, étaient » pour elle un fardeau.

» Le premier devoir des hommes politiques et des bons » citoyens, c'est d'avoir l'esprit de la situation du pays; » c'est précisément parce que les royalistes ont eu l'esprit » de la situation successive de la France dans ces deux » périodes, qu'ils ne sauraient désirer maintenant la » guerre.

» Une guerre entreprise avec l'ancienne royauté, de- » vait se faire à armes égales et nous rendre nos limites; » une guerre entreprise de compte à demi avec la révolu-

» tion, doit ameuter l'Europe contre nous et se terminer » par une catastrophe : les hommes monarchiques qui » n'ont ni une honteuse attache pour un repos impoliti- » que, ni un fanatisme de propagande, savent faire la » différence entre ces deux guerres. Utile, ils la deman- » dent ; funeste, ils la repoussent, et sentant que le » moment serait mal choisi, ils se résignent et ils atten- » dent.

» Si nous étions dans des circonstances ordinaires, » tout serait dit ; il devrait suffire à des Français de certi- » fier, la main sur la conscience, qu'ils ne croient pas » la guerre utile à la France, pour prouver qu'ils ne la » désirent pas. Mais, par un malheur des temps où nous » sommes, toutes les calomnies ont cours, et il y a des » gens qui ont sur nous le triste avantage de pouvoir com- » prendre qu'on puisse souhaiter une guerre malheu- » reuse à la société dont on est membre, et mettre une » espérance impie dans les revers de la patrie.

» Si le libéralisme a donné l'exemple de sacrifier les » intérêts et la grandeur du pays au triomphe d'une opi- » nion, ce n'est point chez nous que cet exemple peut » trouver des imitateurs. Nos âmes ne sont point à la » hauteur d'un pareil sacrifice, et nous ne sommes point » hommes à regarder les malheurs de la France comme » une diversion.

» Notre force est dans nos doctrines ; elle est dans les » fautes énormes et multipliées de nos adversaires ; notre » cause est nationale, elle doit trouver son triomphe dans » son principe même de nationalité. Et lorsque nous » sommes dans cette heureuse position, que la France » ne peut rien que par nous, et que nous pouvons tout » par la France, nous nous résignerions à descendre du » nom de Français, pour ramasser aux pieds de l'Europe

» une royauté vassale! Lorsqu'il est dans notre destinée de marcher à la tête de la nation dans des voies de grandeur et de gloire, nous nourririons la honteuse espérance de voir la France vaincue à la queue de l'Europe victorieuse, pour marcher les premiers de la chaîne! Non, non, mille fois non! les royalistes ne veulent pas la guerre! Ils la repoussent comme Français, et ils la repoussent encore comme royalistes, car aucun parti n'aurait plus qu'eux à la déplorer. Elle les atteindrait dans ce qu'ils ont de plus cher, leur honneur et leur intérêt, puisqu'elle les affaiblirait en les plaçant une seconde fois sous le coup d'une odieuse calomnie, en les exposant une seconde fois au reproche immérité de ne pouvoir obtenir la victoire que par la ruine et l'humiliation de leur patrie, en ne leur laissant plus que des malheurs à réparer, au lieu de germes de grandeur à développer. Tout pour la France et par la France, rien pour l'étranger ni par l'étranger, telle est la devise des royalistes, tel est le mot d'ordre qu'ils gravent sur leur bannière (1). »

Madame, duchesse de Berry, qui fut le chef et la personnification de la droite armée, ne démentit point ce programme. Elle déclara formellement qu'elle n'accepterait à aucun prix les secours matériels du dehors. Fidèle à cette pensée, elle disait à M. Berryer dans la chaumière où elle le reçut : « Voyez-vous, M. Berryer, » l'exemple du duc de Bourbon est toujours devant mes » yeux. Si, en 1815, il n'eût consulté que son grand courage et celui de la majeure partie de ses amis; si, en un mot, il se fût mis à la tête de la Vendée au lieu de prêter l'oreille à cette politique menteuse dont on en-

(1) Voir la *Quotidienne* du 26 août 1831.

» toure les princes, bien des malheurs eussent été évités, » de funestes divisions ne se fussent pas mises parmi les » chefs, et la France n'eût pas vu une seconde invasion. » Savez-vous ce qu'il en coûterait à cette France, si les » alliés y rentraient une troisième fois? Son partage, » sans doute. A cette pensée, tout mon sang de Française » et de mère se révolte; et s'il faut que mon fils achète le » trône de France par la cession d'une province, d'une » ville, d'une forteresse, d'une maison, d'une chaumière » comme celle dans laquelle je suis, je vous donne ma » parole de régente et de mère qu'il ne sera jamais roi. » Les étrangers n'auront pas mon fils; ils ne l'auront » pour rien au monde; je l'emporterai plutôt dans les » montagnes de la Calabre (1). »

Au moment où, après l'échec complet de la prise d'armes de 1832, elle entrait à Nantes pour y chercher un asile, la duchesse de Berry exprimait, avec la même énergie, les mêmes sentimens dans une proclamation : « Je » n'eusse pas cédé à des sollicitations qui devenaient, » chaque jour, plus pressantes, disait-elle, et que ceux » qui me les adressaient, accompagnaient du reproche » d'abandonner mon fils et la France, et de laisser perdre » l'occasion de la sauver, si des lumières qui m'arrivaient » d'ailleurs, et que fortifiaient les discussions des Cham» bres, les journaux français et les immenses armemens » qui se réunissaient en tous pays, ne m'eussent convain» cue qu'une guerre étrangère était au moment d'éclater. » Or, je l'avoue, j'aime la France, je l'aime de toute la » sincérité de mon âme; et si mon fils, rétabli sur le » trône de ses ancêtres, est le plus indispensable bonheur

(1) *La Vendée*, par le général Dermoncourt, page 234. —*Journal militaire d'un chef de l'Ouest*, par le baron de Charette.

» dont je puisse concevoir la pensée, l'y voir rétabli par
» des étrangers est une idée que je ne saurais supporter.
» Cependant j'avais de fortes raisons pour croire qu'on
» allait commencer la guerre, et je ne voyais que ma pré-
» sence en France, à la tête des Français, stipulant, d'ac-
» cord avec eux, les droits de mon fils contre les étran-
» gers, qui pût préserver notre patrie du désastre d'une
» troisième invasion (1). »

Les hommes de la droite qui avaient embrassé l'action armée, ne s'étaient pas contentés de se déclarer ainsi contre l'intervention étrangère; ils avaient jeté, en cas de succès, les bases d'une politique extérieure qui aurait continué celle de la restauration, en lui imprimant une impulsion plus jeune et plus vive. Il existe encore une carte qu'ils avaient tracée, et où la place de la France était large et grande; ils comptaient, pour la faire accepter par l'Europe, sur leurs alliances et sur leurs épées (2).

Ainsi, tout en blâmant l'illégalité de l'expédition de 1832, les adversaires politiques les plus déclarés de ceux qui la tentèrent, durent reconnaître que les hommes de la droite qui s'étaient précipités dans l'action armée, n'attendaient rien du concours de l'étranger; qu'ils repoussaient son intervention; qu'ils avaient une haute idée de la France, du rang qu'elle doit tenir en Europe; et que leurs idées, quant à la politique extérieure qui convient à notre pays, portaient le sceau d'une fierté toute nationale et n'étaient pas au dessous des souvenirs de grandeur et de gloire de la France.

(1) *Biographie des contemporains*, par MM. Sarrut et Saint-Edme.

(2) Voir le troisième volume de l'*Histoire de dix ans de règne*, par M. Louis Blanc.

IV.

Les Royalistes de l'action armée professaient les principes de 1815 *et* 1817.

Nous arrivons naturellement ici à la question la plus grave et à celle qu'il nous importe particulièrement d'éclaircir, pour savoir si l'unité existe parmi les royalistes. Quand nous avons demandé à la droite de 1815 et de 1817 quels étaient les principes monarchiques, nous avons trouvé que ces principes portaient sur deux points fondamentaux, car ils dominent la société tout entière et tout le reste en dépend : nous voulons parler du principe selon lequel devait être organisé le pouvoir, et du principe selon lequel devait être organisée la liberté. Or, nous nous sommes assurés que le premier était celui de la monarchie héréditaire et du gouvernement monarchique, et que le second était celui de la représentation complète et sincère des intérêts dans une assemblée générale et périodique, votant librement l'impôt et concourant librement à la création des nouvelles lois ; assemblée à la nomination de laquelle la société entière, avec la gradation et la hiérarchie de ses intérêts, aurait contribué. Les hommes de la droite qui s'étaient jetés dans l'action extra-légale et armée, voulaient-ils établir un gouvernement contraire à ces principes ? Rêvaient-ils l'absolutisme royal ou ministériel ? C'est avec des documens précis que nous résoudrons cette question.

Avant de rentrer en France, S. A. R. Madame, duchesse de Berry, et le conseil dont elle s'était entourée, avaient songé à préparer, en cas de succès, les bases d'un gouvernement, et le passage que nous allons citer est textuellement tiré du manifeste délibéré et adopté par la princesse et par son conseil : « Le libre vote de l'impôt par les » états généraux et leur libre concours à la création des » nouvelles lois sont les premières des vieilles franchises que » nos pères crurent toujours impliquées dans leur ancien » et moderne nom de Francs ou Français. Ces franchises, » qu'ils commirent à la garde de leurs rois légitimes, j'en » garderai fidèlement le dépôt. J'aurai soin que tous les » citoyens concourent par des gradations convenables à » la formation des états généraux. Je veux en outre don» ner aux provinces toutes les satisfactions qui seront » compatibles avec le maintien du lien commun qui de» meurera toujours nécessaire à la conservation de la » grandeur et de la gloire de la France. Des états pro» vinciaux pourvoiront facilement aux vœux locaux dans » l'étendue et les limites qui leur seront conférées. La » liberté dont jouiront les provinces de faire, chacune » pour ses arrangemens intérieurs, ce qui pourra le » mieux la satisfaire, tournera, par l'effet de cette satis» faction même, à l'avantage de leur bonne intelligence » pour les grands intérêts de l'État, auxquels toutes con» courront avec le même zèle. »

C'était avec ces intentions que les chefs et les directeurs de l'action armée entraient en France, et nous lisons le passage suivant dans le journal manuscrit de l'un d'entre eux, écrit à cette époque : « Une fois en France, » Madame comptait charger quelques hommes éclairés » et consciencieux, de coordonner les institutions, en com» mençant par les communes, pour passer aux assem» blées provinciales dont il importait de définir les attri» butions, en terminant l'œuvre par la composition des » états généraux. »

Ajoutons une dernière considération et une dernière preuve aux argumens que nous avons donnés. Il y avait, à cette époque, un journal qui était l'expression la plus vive et la plus hardie de la partie de la droite qui voulait recourir à l'action extra-légale. Sa rédaction armée en guerre poursuivait le pouvoir d'articles qui semblaient écrits à la pointe de l'épée, et sa polémique ardente, impétueuse, impitoyable était déjà une bataille. Eh! bien la *Quotidienne*, qui repoussait toute connivence avec l'étranger, qui adoptait avec enthousiasme et invoquait avec énergie toutes les idées de gloire et de grandeur nationales, et qui en même temps détournait ouvertement les royalistes d'aller aux élections, parce qu'elle exprimait les idées de ceux qui étaient décidés à en appeler aux armes, position difficile à conserver dans la presse et qui attira à ce journal d'innombrables procès, des amendes énormes, et à son directeur de longues années de captivité; la *Quotidienne* (1) développait publiquement sur l'organisation de la liberté en France, des idées analogues à celles que devait proclamer la duchesse de Berry dans le manifeste que nous avons cité. Elle disait le 2 mars 1831 : « La participation de tous les citoyens » aux droits électoraux, qui trouvait son application na- » turelle dans le système des assemblées primaires défen- » du, dans tous les temps, par les hommes de la monar- » chie, de l'ordre et de la liberté, repoussé une première » fois sous la restauration par les doctrinaires, a subi, » dans la loi électorale, un second affront de la part du » libéralisme vainqueur. »

(1) Elle était à cette époque dirigée, nous l'avons dit, par M. le baron de Brian qui avait accepté la direction de ce journal dans les circonstances difficiles qui suivirent la révolution de 1830.

Il ne saurait y avoir de doute, on le voit, sur les principes que professaient ceux des hommes de la droite qui avaient adopté l'action extrà-légale et armée. Non seulement il demeure évident qu'ils ne voulaient pas la guerre étrangère, que leur fierté nationale s'indignait à la seule pensée de voir la France humiliée ou amoindrie, qu'un des motifs les plus puissans qui leur mirent les armes à la main, fut le désir de prévenir une invasion européenne qu'ils jugeaient imminente ; mais il est clair qu'adoptant le symbole politique des royalistes de 1815 et de 1817, ils voulaient, avec le gouvernement monarchique, la représentation du pays, réalisée par un système d'élections universelles, échelonnées selon la hiérarchie des intérêts.

CHAPITRE II.

HISTOIRE DE L'ACTION PARLEMENTAIRE (1).

I.

Exposé des diverses situations que cette action eut à traverser.

Faisons sur l'action parlementaire des hommes de la droite, le même travail que nous avons accompli sur l'action armée. Nous avons vu la première comme la seconde s'annoncer à la tribune, la veille de la naissance de la monarchie du 9 août, et nous avons indiqué, avec autant de précision que possible, le terrain où elle allait se développer. Il importe maintenant de suivre et d'apprécier ce développement, de rappeler les différentes phases qu'il traversa, les résultats obtenus, et enfin de nous assurer si les hommes de l'action parlementaire ont abandonné ou continué à professer les principes royalistes, tels que la droite de 1815 et de 1817 les avait professés et établis.

L'action parlementaire étant celle des actions royalis-

(1) Nous avons dû naturellement consulter, et nous avons consulté avant d'écrire ce chapitre l'orateur éminent en qui se personnifie surtout l'action parlementaire, afin d'être plus sûr de ne pas nous tromper sur les mobiles politiques qui présidèrent à cette action.

tes qui se trouva le plus près du mouvement des affaires, il importe de rappeler d'abord en quelques mots la nature des diverses situations qu'elle eut à traverser, depuis 1830 jusqu'aux temps où nous sommes.

D'abord se présente la période d'installation du nouveau régime; les crises de l'établissement du nouvel ordre de choses qui, ainsi qu'il arrive quelquefois dans les enfantemens trop prompts, continuent après sa naissance et tiennent le corps social dans un état convulsif. Emeutes journalières, perturbation dans les fonds publics, sac de Saint-Germain-l'Auxerrois, troubles du procès des ministres, pillage et destruction de l'Archevêché, bris des croix, suppression des fleurs de lys, loi de proscription contre la branche aînée, violences qui devaient amener la guerre civile, imminence de la guerre étrangère, voilà la première période. Elle se dessine sous le ministère d'amalgame révolutionnaire et parlementaire qui représente l'opposition de quinze ans, car il compte à la fois, dans son sein, toutes les nuances et tous les partis qui ont fait la révolution; et se prolonge sous le ministère Laffitte, qui est un pas de plus fait vers la gauche, pas nécessaire, car, la puissance réelle manquant, il fallait gouverner par influence plutôt que par commandement, et, pour gouverner par les influences, il fallait bien les prendre où elles étaient. C'est alors que MM. Lafayette, Dupont (de l'Eure), Odilon Barrot, Laffitte, viennent prêter au pouvoir nouveau le secours de leur popularité. Leur force d'opinion est plus grande que leur force parlementaire; mais, dans cette crise, le gouvernement n'est pas encore sorti de la rue où les trois journées l'ont jeté, et il s'agit moins de gouverner à la tribune que de gouverner dans la place publique.

La durée de cette situation est abrégée par ce qu'elle a

d'excessif. Les attentats du mois de février contre l'Archevêché soulèvent le voile de légalité et d'ordre dont on se couvrait, et, sous ces dehors de régularité, on entrevoit les haillons sanglans de 93 et les effroyables livrées de la terreur. La réaction qui s'opère alors dans les esprits épouvantés, donne naissance au ministère de Casimir Périer, qui est un ministère de résistance au désordre matériel, mais en même temps un ministère de compression pour les libertés existantes, et de négation quant aux libertés promises : voilà pour le dedans; un ministère pacifique au dehors, pacifique jusqu'aux concessions, car la véritable devise de sa politique étrangère se trouve dans deux paroles égoïstes : « *Chacun pour soi, chacun chez soi* ; » et cette autre : « *Le sang français n'appartient qu'à la France,* » deux maximes qui livrent le théâtre des affaires générales aux puissances étrangères.

C'est sous ce ministère qu'achevèrent de se dessiner les grandes luttes des hommes de la gauche contre les hommes des centres, et que MM. Odilon Barrot, Mauguin, Lamarque, s'engagent contre MM. Guizot, Thiers, de Broglie et Sébastiani. Le gouvernement est mis au concours, mais plutôt dans la Chambre que dans la rue, quoique la rue n'ait point dit son dernier mot et qu'elle élève souvent encore la voix. M. Périer gouverne la Chambre en invoquant la peur, surprise d'être devenue en France un moyen de gouvernement. S'agit-il de l'Italie? il fait peur de l'Autriche à la majorité. S'agit-il de la Belgique? peur de l'Angleterre. De la Pologne ? peur de l'Autriche, de la Prusse et de la Russie. Des questions de l'intérieur? peur de l'émeute. Est-il besoin de rappeler la violence des débats parlementaires, la Chambre changée en arène, les orateurs se colletant à la tribune avec les ministres, et le gouvernement parlementaire faisant l'émeute pour son compte, après l'avoir si vertement réprimandée et si rudement réprimée ?

Quand M. Casimir Périer meurt, en succombant à la peine, la situation entre dans un paroxisme. Le ministère du 11 octobre, le ministère Soult, Thiers et Guizot, ministère de guerre civile à l'intérieur, de lutte au dehors, contre la Hollande, dans un intérêt dynastique, prend les affaires en main et jette les apparences de légalité dont Casimir Périer avait fardé sa politique. Les événemens marchent aussi rapidement vers le despotisme qu'ils marchaient vers l'anarchie dans les premiers temps de la révolution de 1830, sans que ce mouvement change en rien la politique de concession au dehors. Une réaction s'opère dans les esprits que tant de violences commencent à indisposer, et prépare une situation nouvelle.

L'esprit de cour s'empare de cette situation. Il espère laisser aux ministres qui ont tenu les affaires la responsabilité du passé, et fonder le gouvernement personnel, en s'appropriant la mesure de l'amnistie réclamée par toutes les opinions. Alors une coalition se forme pour faire prévaloir le gouvernement parlementaire contre le gouvernement personnel qui poursuit, quant à la politique du dehors, le mouvement commencé, et continue à éteindre les questions en les abandonnant.

Cette coalition se dissout par son succès, parce que la plupart de ceux qui y étaient entrés, ambitionnaient moins les réalités que les insignes et les avantages du pouvoir. Le gouvernement personnel s'installe sous le nom de ceux qui s'étaient posés comme les représentans du gouvernement parlementaire. Les ministères Thiers et Guizot deviennent, avec le ministère Molé, les trois relais du système immuable. Pendant cette nouvelle phase, on achève d'éteindre les questions extérieures en annihilant et en humiliant l'intérêt français devant les intérêts européens, et la question d'Orient se termine comme la question belge, comme la question polonaise, comme la question italienne, comme la question espagnole. L'alliance anglaise, si onéreuse à la France, n'est secouée un moment que pour être subie d'une manière plus humiliante.

C'est ainsi qu'on entre dans la situation actuelle, situation de torpeur produite, d'une part, par la mort du duc d'Orléans; d'un autre côté, par l'épuisement des questions extérieures ; et en dernier lieu, par une espèce de désespoir de la Chambre qui renonce à rien améliorer, à rien perfectionner. C'est ici le cas de faire remarquer la marche du mouvement parlementaire. On a commencé par croire que le mal tenait à tels ou tels ministères, et on les a changés, à combien de reprises? personne ne l'ignore; qu'il tenait à un système, et on a parlé de lui substituer un système nouveau; mais quand il a fallu arriver au fait, il ne s'est pas trouvé de système nouveau : tous ceux qui se sont approchés du pouvoir sont demeurés écrasés sous le poids de cette nécessité qu'ils niaient la veille; tous ceux qui se sont laissé accrocher par une roue de la machine, ont été emportés dans le sens de ce mouvement de rotation irrésistible, et y ont perdu leurs illusions, plusieurs leur réputation, tous leur foi politique. Il y a aujourd'hui deux convictions également profondes dans les corps électoraux et élus, deux convictions qui font la force des mauvais ministères et l'impossibilité des bons : « Ce qu'on fait est mal; en restant dans les mêmes conditions on ne saurait faire mieux. »

L'explication de la dernière phrase de la situation parlementaire est là tout entière. La Chambre de 1842 n'est pas, autant qu'on l'a dit, insensible aux intérêts du pays, indifférente à la dignité de la France; mais elle est découragée; elle n'agit plus parce qu'elle n'espère plus; elle ne demande rien aux hommes du pouvoir, parce que, venue après l'âge d'or des illusions politiques, elle sait qu'ils n'ont rien en eux. Ajoutez à cela que, voyant une vie dont les forces se sont usées à maintenir le *statu quo* et à proroger l'époque des échéances politiques, entrée dans ces années de grâce que les hommes doivent accepter avec reconnaissance comme un bien sur la durée duquel on ne saurait compter, elle craint d'imprimer l'impulsion la plus légère à une machine si frêle qu'elle lui semble toujours près de se détraquer. C'est ainsi qu'on est arrivé à cette situation étrange où une Chambre anti-ministérielle soutient, parce qu'elle ne voit aucun intérêt à le changer, le ministère qui lui est antipathique; où l'on vit au jour le jour; où toute question politique est prorogée; où l'on ne s'occupe que des intérêts matériels, et où l'on s'en occupe mal; comme, auprès du lit d'un malade, on ne parle plus d'avenir, et l'on se contente de pourvoir tant bien que mal aux besoins matériels de la journée.

Les différentes phases de la situation, en face desquelles les royalistes qui avaient adopté l'action parlementaire, eurent à agir, peuvent donc être ainsi résumées:

Mouvement révolutionnaire vers l'anarchie et la guerre de propagande;

Réaction qui va jusqu'au despotisme et qui inaugure la politique de concession au dehors;

Lassitude des esprits, et, à l'aide de cette lassitude, essai d'établissement du gouvernement personnel avec un ministère domestique, essai qui amène une coalition en faveur du principe du gouvernement parlementaire, situation pendant laquelle les concessions au dehors continuent;

Etablissement du gouvernement personnel avec des ministères composés de notabilités parlementaires, situation pendant laquelle les concessions, continuant toujours, achèvent de fermer toutes les questions extérieures par l'immolation des intérêts de la France, et qui aboutit, après la mort du duc d'Orléans, à un désenchantement complet de la part des Chambres, au matérialisme politique le plus absolu, à la torpeur parlementaire.

II.

Première phase de l'action parlementaire.

Pendant la première période, l'action parlementaire des hommes de la droite est consacrée à créer le terrain sur lequel ils veulent s'établir. Ils justifient leur attachement à leurs principes; ils expliquent pourquoi ils restent dans la Chambre, comment ils y restent; ils défendent le passé des royalistes contre les calomnies, et le gouvernement de la branche aînée et la branche aînée elle-même contre les attaques violentes et injustes dont elle est l'objet. En un mot, ils font accepter, par les hommes du nouveau régime, la présence des royalistes entrant dans la Chambre élective, restant dans l'autre Chambre, sans renier leurs sentimens, sans désavouer leurs idées, et ils saisissent toutes les occasions d'exprimer les intentions toutes nationales dont ils sont animés.

Cette première phase de l'action parlementaire, cette

période d'installation, qu'on nous passe ce terme, est peut-être l'époque des luttes les plus vives et les plus éloquentes. Comment en aurait-il été autrement? Les objets les plus chers aux royalistes, les principes qui leur paraissent les plus dignes de leur respect, sont sans cesse attaqués. Ils sont eux-mêmes continuellement insultés dans leur honneur, menacés dans leur liberté, méconnus dans leurs sentimens, attaqués dans leur dignité et leur droit de citoyens. Un jour, c'est M. Berryer à la Chambre des Députés, M. de Brézé à la Chambre des Pairs qui s'élèvent avec indignation contre le rappel législatif des juges de Louis XVI, mesure qu'ils qualifient de réhabilitation du régicide et dont ils repoussent avec horreur la complicité morale (1). Le lendemain, c'est M. Berryer encore qui, répondant à la proposition de mise en accusation du dernier ministère de la Restauration, s'écrie avec un accent de vérité éloquente : « On » veut que vous accusiez les ex-ministres de haute trahi- » son? Envers qui? Envers le roi qui a été précipité du » trône, ou envers celui que vous venez d'y appeler? » Contre l'ordre de choses que le peuple a détruit, ou » contre celui que vous venez de fonder? Contre la charte » dont vous-mêmes avez renversé le principe fondamental, » changé le caractère et modifié les dispositions? La charte » dit que la personne du roi est inviolable et sacrée, que » les ministres seuls sont responsables. Ces deux princi- » pes sont corrélatifs, inséparables; l'inviolabilité du roi » est le fondement de la responsabilité de ses agens. Je » suis loin de regarder les ministres comme exempts de » reproches. La plus belle couronne de l'univers tombée du front de l'héritier de tant de rois, la longue paix et

(1) Séance du 3 septembre 1830.

» l'immense prospérité d'un grand peuple menacées de » si désolans désastres !... Oui, ils sont coupables, mais » je ne leur vois plus de juges sur la terre de France (1). »

Ainsi parle M. Berryer, et MM. Arthur de la Bourdonnaye, de Lamezan, de Lardemelle, et tous les hommes de la droite s'expriment dans le même sens.

S'agit-il de montrer que les royalistes parlementaires seront toujours prêts à empêcher l'envahissement du territoire ? M. le duc de Fitzjames se lève, au moment où l'on vient présenter le rapport sur une proposition ministérielle relative à la demande de 80,000 hommes, et il s'écrie : « Lorsque le gouvernement s'adresse à vous pour vous » demander les moyens de défendre, s'il y a lieu, l'indé» pendance du territoire et l'honneur du pays, il a le droit » de compter sur l'assentiment de tous les Français. » Quand une pareille question vient à s'agiter, les paroles » se précipitent sur les lèvres pour répondre : oui, cent » fois oui ; disposez de tout ce que nous possédons, nul » sacrifice ne nous coûtera, tout notre sang est à vous. » Alors, les opinions se taisent, les regrets s'étouffent » au fond des cœurs ; en présence de cette considération » toute puissante de l'honneur et du salut de la France, » on ne se sent plus que Français. Malheur à celui qui » resterait alors en arrière et ne viendrait pas apporter » le tribut de son sang, si la jeunesse et la force secon» dent son courage ; de son intelligence et de sa fortune, » s'il n'a rien de mieux à offrir à son pays (2) ! »

Propose-t-on une loi de haine contre la maison de Bourbon, MM. de Fitzjames, de Brézé, à la Chambre des Pairs, M. Berryer à la Chambre des Députés, sont à la

(1) Séance du 28 septembre 1830.

(2) Séance de la Chambre des Pairs du 9 décembre 1830.

tribune : « Il y a quelque chose de puéril dans cette » pensée de l'homme qui prétend enchaîner l'avenir à » ses lois, s'écrie M. Berryer. Mais qui sanctionnera une » pareille proposition? Le cousin de Charles X, l'oncle » de la duchesse de Berry et du duc de Bordeaux? Allez, » allez, les lois de condamnation et de proscription ont » toujours été de mauvaises garanties. Que le gouverne- » ment s'occupe plutôt de dissiper les craintes de l'ave- » nir et de nous donner l'ordre, la gloire et la liberté. »

C'est à l'occasion de la même loi que le duc de Fitzjames prononce ces paroles : « C'est une triste passion que » la haine, d'autant plus triste qu'un des caractères dis- » tinctifs de cette maladie de l'humanité est de ne jamais » trouver satisfaction dans les succès qu'elle obtient. » C'est une loi de haine et de vengeance qu'on vous pro- » pose, une loi qui rappelle celle qui supprima l'anni- » versaire du 21 janvier, en alléguant que la seule lec- » ture du pardon eût été une infraction au pardon lui- » même. L'exclusion de la branche aînée est un fait ac- » compli. Il durera autant que Dieu lui permettra de » durer, pas une minute au delà. De deux choses l'une, » ou l'exil de cet enfant doit être éternel, ou la France le » replacera sur le trône de ses pères. Dans le premier » cas, ce ne sera pas la loi proposée qui cimentera sa » condamnation, ce sera la liberté, la paix, le bonheur » dont le gouvernement, qui a succédé à la branche aînée, » aura fait jouir la France. Dans la seconde supposition, » comme il ne pourra jamais être rappelé que par la » force des choses, par une loi unanime de salut qui sor- » tirait de toutes les bouches, une telle puissance est » irrésistible, et votre loi serait alors entraînée par le » torrent qui en a déjà englouti tant d'autres. Ah! mes- » sieurs les ministres, assurez au pays son existence de

» demain si vous le pouvez, et ne faites pas de l'éter-» nité (1). »

Vives et poignantes paroles auxquelles M. le marquis de Brézé ajoutait plus tard cette éloquente apostrophe : « Si » vous bannissez à jamais les Bourbons et leur postérité, » renvoyez-leur donc tout ce que vous en avez reçu ; ne » retenez pas cet héritage de gloire et de biens qu'ils vous » ont laissé ! Que dis-je? faites ouvrir les tombeaux de » leurs ancêtres et renvoyez-leur les ossemens des fonda-» teurs de vos libertés, des conquérans de votre territoire, » des sages créateurs de votre législation. »

C'était chaque jour une lutte nouvelle. On attaquait la Restauration dans son origine, dans ses actes, dans ses hommes, dans ses principes, sa diplomatie, ses finances, son gouvernement intérieur, et les royalistes de l'action parlementaire, sans nier les fautes, réfutaient les accusateurs et confondaient les calomnies (2). Plus d'une fois, dans ces circonstances, le nouveau gouvernement, s'é-

(1) Séance de la Chambre des Pairs du 9 décembre 1830.

(2) Cette nécessité de répondre aux attaques de la révolution s'étendit au delà de la première période dont nous écrivons l'histoire ; mais elle devint alors exceptionnelle au lieu d'être habituelle. C'est ainsi que M. de Brezé, répondant, le 9 août 1834, à M. Guizot qui avait reproché à la Restauration le milliard de l'indemnité, s'écriait : « Si la Restauration fut coupable de donner l'indemnité, ceux qui » l'ont reçue furent sans doute également coupables. Ainsi le général » Lafayette fut coupable de recevoir 1,500,000 fr. d'indemnité; » M. le duc de Choiseuil, qui siège dans cette Chambre, a été coupa-» de recevoir 3,000,000 ; le vertueux Liancourt fut aussi coupable, » car il reçut 3,000,000 aussi; mais le plus coupable assurément.... » je ne le nomme pas (*Stupéfaction générale et profond silence*), fut » donc celui qui reçut le plus, qui reçut 28,000,000 d'indemnités ! » On m'a forcé à m'expliquer nettement sur cette question, j'espère » qu'on ne la soulèvera plus. »

tonnant de la fermeté et de la franchise des royalistes de l'action parlementaire, essaya de les réduire au silence en leur appliquant la qualification de vaincus. C'est alors qu'on voyait Berryer rejeter fièrement sa tête en arrière, et, dominant l'assemblée de la voix et du geste, s'écrier, tout prêt à descendre de la tribune et à jeter aux quatre vents du ciel son mandat de député, en rendant les insulteurs responsables des événemens qui devaient en résulter : « On ose parler ici de vaincus. Sont-ce là les pro-
» messes qu'on nous a faites? Est-ce que les vérités qui
» ont été jurées ne seraient que des déceptions? Tous ne
» sommes-nous pas appelés en France à jouir de la même
» liberté d'opinion et de discussion? Ne devons-nous pas
» tous marcher avec une égale fierté au milieu de nos
» villes? A quelle classe destine-t-on cette existence de
» vaincus? Elle serait intolérable, et je sens dans mes
» veines une âme française qui ne se résigne pas à ac-
» cepter une vie si humiliante. »

Ici, vous le voyez, l'action parlementaire est au moment de se jeter dans l'action armée, et la parole menaçante, rappelant ce pan de robe qui contenait la paix et la guerre, somme les violateurs du contrat de 1830, de choisir entr'elle et l'épée.

III.

Deuxième phase de l'action parlementaire.

Avec le ministère Périer, commence la seconde période de l'action parlementaire des hommes de la droite, pour se prolonger bien au delà. Une scission éclatante s'est manifestée entre la gauche, réclamant les libertés promises par le nouveau pouvoir, et le parti des centres, refusant de tenir les promesses de juillet et celles de l'opposition de quinze ans. L'action des hommes de la droite, dans cette seconde période, consiste à mettre sans cesse le nouveau pouvoir en contradiction avec son principe, à montrer le désaccord flagrant de son origine et de ses actes. Ils avaient prévu de bonne heure qu'il y aurait une scission entre les hommes du mouvement populaire qui avaient fait la révolution, et les courtisans du nouveau régime, qui aspiraient à réduire cette révolution à ne plus être qu'un changement de dynastie. Cette scission venant à éclater, ils s'en servent pour montrer à la France la vanité des promesses qu'on lui a faites, et pour lui prouver en même temps que les hommes de la droite n'ont point contre la liberté cet éloignement dont on les accuse. Dans cette situation nouvelle, ils marchent parallèlement avec les hommes de la gauche, ils demandent que le gouvernement qu'on a établi demeure dans les conditions où il a été fondé; ils le demandent parce que ces conditions sont les garanties de leur indépendance, qu'ils ont besoin de cette indépendance pour remplir la mission qu'ils ont acceptée, et que c'est seulement en raison de cette indépendance qu'ils l'ont acceptée.

Les ministres du nouveau régime, à la vue de cette attitude des hommes de la droite parlementaire, semblent saisis d'une fureur inexprimable. Ils affectent de ne pas comprendre que, la liberté étant le bouclier de toutes les oppositions, toutes les oppositions se réunissent, sans se confondre, sous ce bouclier. Ils jettent à la droite des paroles amères, et M. Guizot parle à cette occasion avec mépris du cynisme de certaines alliances. C'est alors que

M. Berryer, dans une de ses plus belles inspirations, faisant monter avec lui la conscience publique à la tribune, et changeant cette tribune en tribunal, allume les foudres de son éloquence : le tonnerre gronde, l'éclair brille, et quand on ramasse M. Guizot, on trouve quatre mots terribles gravés en caractères de feu sur le front de ce voyageur banal qui alla prendre le pouvoir à Gand comme dans l'antichambre de l'Hôtel-de-Ville : « *Le cynisme des apostasies.* »

Mais ce n'est plus seulement les libertés progressives, conséquences naturelles de la souveraineté populaire, qui sont en question, ce sont les libertés inviolables de tous les temps et de tous les lieux, la régularité et la distinction des juridictions, l'indépendance et l'inamovibilité de la justice, la liberté de discussion, le droit d'association, l'inviolabilité du foyer domestique, la liberté et la sécurité individuelles. Le ministère, en alléguant un crime particulier (1), demande l'immolation de toutes ces garanties publiques; la droite tout entière se porte dans les deux Chambres au secours de ces libertés. M. Berryer et M. Hennequin, à la tribune de la Chambre des Députés, ainsi que leurs collègues, manifestent, dans ces luttes mémorables, les sentimens et les idées de la droite sur ces graves questions, avec une énergie et une éloquence remarquables, et M. le marquis de Brézé, dont le discours avait puissamment contribué à l'échec de la loi de troubles, présentée à la Chambre des Pairs, puis abandonnée par le ministère, intervient dans la discussion des lois de septembre avec de graves paroles qui dénoncent toute la gravité du mal et toute l'impuissance du remède, en signalant la cause véritable du malaise social.

(1) L'attentat de Fieschi.

« Je ne nierai point le désordre moral, dit-il, mais » quelle en est la cause? Le désordre moral consiste » dans le désaccord des faits et des idées : il y a désor- » dre quand, pendant quinze ans, on a entraîné les » idées dans le sens de la liberté absolue, et quand au- » jourd'hui on entraîne la législation dans l'exagération » du pouvoir. Il y a désordre quand on proclame en » théorie tous les principes d'une liberté républicaine, et » quand le pouvoir gravite, en maintenant ces théories, » vers la monarchie absolue. Il y a désordre quand, vou- » lant relever la monarchie, on condamne et on flétrit » les principes qui la constituent. Il y a désordre quand » les faits du gouvernement sont en contradiction avec » les idées qu'on a invoquées, avec les maximes qu'on a » proclamées; quand la législature, s'animant à la fois » de deux esprits contraires, récompense l'insurrection » dans le passé et la condamne dans le présent sans ces- » ser de la glorifier en théorie. Il y a désordre, enfin, » quand on a placé, dans la même constitution, des prin- » cipes ennemis les uns des autres, et qui, selon la belle » image de Burke, *ressemblent alors à des animaux fé- » roces d'espèces différentes, qui, enfermés dans la même » cage, se dévorent et s'entredétruisent.* Hommes du prin- » cipe de la nécessité, qui avez glorifié l'insurrection et » la souveraineté du peuple, c'est vous seuls qui nous » avez mis dans cette déplorable situation. Vous avez, » tour à tour, au gré de vos intérêts et de vos vues per- » sonnelles, cherché l'ordre ou fêté les complices du » désordre; vous avez tendu la main à l'anarchie; vous » avez abusé de la presse, et vous ne voulez plus même » aujourd'hui qu'on en use. Vous avez confondu, déna- » turé, violé tous les principes, et vous traitez comme cri- » minelle la discussion des principes. Oui, l'ordre moral

» est détruit; mais il a été détruit par vous. Si vous vou-
» lez l'ordre moral, rapportez donc la loi qui a pension-
» né l'insurrection de la Bastille ; rétablissez le décret du
» 21 janvier, afin qu'il soit reconnu que le régicide est le
» plus grand attentat contre l'ordre social; ne venez plus
» demander à la France des tributs pour célébrer l'anni-
» versaire des jours qui virent les citoyens armés les uns
» contre les autres ; au lieu de vendre à l'encan les ruines
» de la chapelle de la rue de Richelieu, dont chaque
» pierre, aujourd'hui répandue dans la fange, est un digne
» monument de l'immoralité de votre administration,
» offrez aux regards ce souvenir de la douleur de la
» France. Vous voulez rétablir l'ordre moral, alors n'ou-
» bliez pas que la religion peut seule le fonder dans les
» esprits ; ne laissez pas errant dans la capitale le pre-
» mier pasteur de l'Eglise de France, rendez au culte
» cette basilique de Sainte-Geneviève où vous avez célébré
» le premier anniversaire de l'anarchie. »

C'est par ces paroles que les hommes de la droite, qui avaient embrassé l'action parlementaire, résumaient l'opposition constante qu'ils avaient faite au pouvoir pendant la seconde période de la révolution de juillet. Leur première bataille avait été en faveur des idées d'ordre, leur seconde bataille était contre l'arbitraire. Nous avons choisi, entre beaucoup d'autres, les paroles de M. le marquis de Brézé, parce qu'elles représentent admirablement le fonds commun des idées développées par la droite parlementaire, à la fin de cette seconde période de la révolution de juillet. Elle ne voulait pas donner les libertés publiques à dévorer à cette révolution qui avait dévoré la monarchie. Elle répondait, en indiquant le rétablissement de l'ordre moral comme le seul remède efficace, à ceux qui demandaient, au nom de l'ordre matériel, une législation que M. Royer-Collard déclarait entachée de *ruse* et de *subterfuge*, et qui touchait aux plus précieuses libertés de la France.

IV.

Troisième phase de l'action parlementaire. — La coalition.

Lorsqu'à cette espèce de pointe tentée vers le despotisme succéda un mouvement de lassitude et de réaction dans les esprits, et que le gouvernement personnel essaya, à l'aide de cette réaction, de s'implanter en France en revendiquant le bénéfice moral de l'amnistie, les hommes de la droite parlementaire, se trouvant en face d'une situation nouvelle, eurent à prendre une détermination. Le centre gauche, exclu des affaires, s'était rabattu sur l'opposition; presque toutes les influences de la Chambre, exclues du pouvoir, étaient entrées dans ce mouvement, afin de rétablir, disaient-elles, la vérité du gouvernement parlementaire. Les royalistes, qui avaient embrassé l'action parlementaire, concoururent hautement à cette coalition, en déclarant les mobiles de leur conduite.

Ils dirent tout haut qu'ils donneraient leur concours parce qu'ils croyaient avoir un intérêt direct à maintenir l'indépendance de la Chambre qui était leur propre indépendance, à maintenir la prépondérance de la Chambre qui deviendrait leur propre prépondérance, le jour où ils obtiendraient la majorité. Ils n'étaient entrés dans les affaires, en effet, que parce que le principe de l'omnipotence parlementaire étant proclamé, leur présence dans la Chambre ne les constituait pas en état de sujétion, et que leur serment, comme l'avait dit M. le marquis de Dreux-Brézé à la Chambre des Pairs (1), » était un » engagement sacré de respecter les lois et de n'attendre » que des majorités le triomphe des convictions politi» ques qui, selon eux, devaient assurer le bonheur de » leur pays. » L'omnipotence des majorités leur présentait donc un moyen régulier, pacifique de rectifier tout ce qu'il pouvait y avoir de défectueux dans la société, et c'était, pour eux, un devoir de conserver cette issue naturelle aux difficultés de la situation.

Tels furent les motifs qui déterminèrent les hommes de la droite à prêter, dans la Chambre et dans les élections, leur concours à la coalition qui s'était formée pour faire prévaloir le gouvernement parlementaire contre le gouvernement personnel. Il advint alors une chose qui leur permit de faire briller à la tribune de nouvelles lumières sur la situation de la France, et de mettre dans un nouveau jour les sentimens et les idées des royalistes. Il fallait que la coalition de 1839, comme toutes les coalitions, trouvât un terrain commun pour y établir ses batteries contre le ministère de M. Molé. Les nouveaux alliés de l'opposition, venus du centre droit et du centre gauche, craignaient de toucher aux questions de l'intérieur parce qu'ils voyaient bien ce qu'il y avait de défectueux et de peu rationel dans la situation du pouvoir, et qu'ils appréhendaient d'ébranler, jusques dans ses fondations, un édifice dont ils voulaient s'emparer, mais qu'ils ne voulaient pas détruire. Ce fut donc surtout dans

(1) Séance du 30 mars 1833.

les questions extérieures que la coalition prit son thème, et cela donna aux hommes de la droite une occasion d'examiner les affaires de la France au dehors, de revendiquer ses intérêts les plus chers compromis, et d'exposer les idées monarchiques sur la politique naturelle de notre pays.

Sans doute les royalistes n'avaient pas attendu jusque là pour remplir ce devoir et prendre cette initiative, et c'est avant cette époque que l'illustre duc de Fitzjames prononçait son admirable discours contre l'alliance anglaise, prophétie qui devait devenir une histoire, magnifique éclair d'éloquence qui illuminait la position extérieure de la France, comme ces flambeaux qui, penchés sur l'abîme, avertissent tout-à-coup le voyageur de la profondeur du précipice dans lequel il va s'engloutir : c'était le 31 mai 1836, en effet, et sous le premier ministère de M. Thiers, que M. de Fitzjames avait dit : « Persuadons-
» nous bien que les intérêts mercantiles sont tout pour les
» Anglais; vendre, empêcher les autres de vendre concur-
» remment avec eux, a toujours été et sera toujours l'axe
» autour duquel tournera la politique anglaise. Or, com-
» me les besoins de leur commerce et les besoins du
» nôtre, comme les intérêts de leur industrie et les in-
» térêts de la nôtre se heurtent et se croisent par mille
» points divers, par là se creuse entre les deux peuples
» un abîme aussi vaste, aussi profond que la mer qui les
» sépare. » Puis le noble orateur, après avoir tracé un effrayant tableau de la destinée de tous les peuples qui avaient eu foi à l'alliance anglaise, descendait de la tribune en jetant cette parole qui sort, comme un cri de vérité, de toutes les histoires : « L'alliance anglaise est un mensonge ! »

Mais si, antérieurement à la coalition, les royalistes entrés dans l'action parlementaire avaient ainsi signalé les écueils contre lesquels on poussait notre fortune, ils purent, avec bien plus d'autorité et de puissance, accomplir cette mission, quand presque toutes les parties de la Chambre, ramenées à la vérité par les besoins de leur opposition, reconnurent le triste état de nos affaires au dehors. Ce fut alors que s'ouvrirent ces mémorables discussions sur l'abandon de l'influence française en Italie par l'évacuation d'Ancône; sur l'immolation de l'intérêt français dans la question belge par l'adjudication du Limbourg et du Luxembourg à la Hollande, dénoûment politique qui faisait de la Belgique, tronquée et sans frontières, le grand chemin de l'Europe vers la France; sur l'abandon de l'intérêt français en Espagne; sur l'inhabileté de la politique du cabinet du Palais-Royal en Orient, et tous ces débats parlementaires auxquels MM. Berryer et ses collègues à la Chambre des Députés, MM. de Brézé, de Noailles et leurs amis à la Chambre des Pairs, prirent une part si active, en critiquant avec tant de raison la politique du système dominée par des intérêts de circonstance en contradiction formelle avec les intérêts permanens du pays, et en rappelant la politique traditionnelle de la France qui avait été celle de la Restauration (1).

V.

Exposé de la quatrième phase de l'action parlementaire, et résumé.

Comme toutes les associations formées d'élémens hété-

(1) Voir les discours de MM. Berryer et Valmy, 2 et 3 juillet 1839, et le discours de M. de Noailles, 7 janvier 1840.

rogènes, la coalition ne tarde point à se dissoudre. Il n'y avait guère que les royalistes et un petit nombre d'hommes de la gauche plus nationaux que révolutionnaires, qui prissent au sérieux les questions générales, et qui y puisassent les motifs réels de leur opposition; pour les autres partis qui étaient entrés dans la coalition, les questions générales n'étaient que des prétextes, des cartes qu'ils prenaient afin de regagner, au jeu du scrutin, des positions ministérielles auxquelles ils ne pouvaient renoncer.

Les royalistes de l'action parlementaire restèrent donc bientôt presque seuls sur le terrain des intérêts nationaux, mais ils n'en avaient pas moins obtenu des résultats utiles. Ils avaient fait toucher du doigt le manque complet de nationalité de la politique suivie par les ministères successifs du nouveau régime, l'antagonisme qui existait entre les intérêts français et les intérêts égoïstes du système qui avaient prévalu partout et toujours. Quand leurs alliés d'un jour désertèrent la fortune de la France, et passèrent au système qui leur rouvrait les avenues des ministères en les tirant de cette Arabie Pétrée de l'opposition où la terre est sans fruit et le ciel sans rosée, pour les introduire dans l'Arabie Heureuse du budget; quand ceux qui avaient attaqué, avec tant de vivacité, les humiliations et l'abaissement continu de la France contresignés par M. Molé, se disputèrent l'honneur de les contresigner à leur tour, et accueillirent avec empressement le gouvernement personnel, s'exerçant sous des noms parlementaires, les royalistes de la Chambre demeurèrent à leur poste et continuèrent contre MM. Thiers et Guizot, contre la grande déconvenue du traité du 15 juillet 1840, acceptée par eux, contre l'isolement, la rentrée humiliante de la France dans le concert européen, et le traité du droit de visite, la guerre de tribune qu'ils avaient faite contre le ministère Molé.

Cette période se prolongea jusqu'à l'épuisement des questions extérieures, qui se résolurent toutes par l'abandon complet des intérêts français, et jusqu'à la mort de M. le duc d'Orléans, deux circonstances qui, réunies au désenchantement de tous les esprits, firent succéder à la période vive et animée que nous venons d'esquisser, un état de torpeur parlementaire qui dure encore. C'est alors que commencèrent les sessions d'intérêts matériels. Les chemins de fer, les grandes questions industrielles et commerciales préoccupaient seules la Chambre. Les hommes de la droite parlementaire, cédant à cette préoccupation, s'attachèrent à montrer qu'ils entendaient ces questions aussi bien que toutes les autres, et, maintenant leur ligne de conduite, ils essayèrent de les résoudre au point de vue des intérêts fondamentaux de la France (1), pendant qu'éclatait autour d'eux une espèce de guerre civile entre les intérêts agricoles, commerciaux et industriels, qui voulaient obtenir une solution, chacun dans le sens exclusif de ses avantages particuliers.

Cependant deux voix royalistes combattirent cette tendance parlementaire qui entraînait les esprits en dehors des questions politiques. M. le marquis de Brézé, à la Chambre des Pairs, dans la discussion de la loi de régence, revendiqua les droits nationaux, et, au début même de la session de 1843, caractérisa par des paroles pleines de justesse la nouvelle phase dans laquelle la situation était entrée, et les résultats acquis à l'opposition de droite : « Pour justifier sa séparation profonde, absolue, irrévocable de ses anciens amis, disait-il, un il-

(1) Discours de M. Berryer sur la loi des sucres.

» lustre orateur, formulant et résumant sa pensée par une » audacieuse sentence que je viens combattre, s'est écrié : » *La pensée du règne s'est égarée.* Je n'adopte pas cette » sentence ; la pensée du règne, ou, pour rester dans les » termes constitutionnels, le système ne s'est pas égaré ; » loin de là, il a toujours été le même ; il a été ce qu'il » devait être ; bien plus, il n'a été que ce qu'il pouvait » être, que ce qu'il était obligé d'être dans la situation » donnée et acceptée. Deux partis à prendre se présen» taient au point de départ : s'emparer du mouvement » de 1830 et s'appuyer sur la révolution pour tenir l'Eu» rope en respect, ou contenir la révolution, et, pour » cela, se ménager la bienveillance de l'Europe. Dans le » premier parti, le gouvernement eût été dominé et » peut-être aurait péri dans les transformations inces» santes que les révolutions amènent ; le second parti a » prévalu, et toutes les nécessités qu'on subit aujour» d'hui, étaient, en quelque sorte, écrites d'avance. »

Tandis que M. le marquis de Brézé ramenait ainsi les discussions à la question politique dans la Chambre des Pairs, la Chambre des Députés ouvrait ses portes à M. le marquis de La Rochejaquelein, cet héritier d'une race de gloire qui est venu apporter à la tribune l'audace de ses aïeux, et dont l'éloquence militaire, comme un gant jeté à la face d'un homme qui s'endort, a le privilége de réveiller la Chambre. Il signalait ses débuts politiques en protestant, dans la discussion de la régence, au nom des droits de tous, et en en appelant, au sujet des fortifications de Paris, à la nation consultée.

Nous avons énuméré les résultats des efforts des hommes de l'action parlementaire ; ils peuvent se résumer ainsi : maintien de la droite à la Chambre, indication du terrain national où elle se plaçait, défense publique des royalistes et de leur caractère, de la restauration, de sa politique et de son administration; fautes et conséquences de la révolution signalées; protestation éclatante contre les accusations intéressées de ceux qui représentaient les hommes de la droite comme les complices de l'étranger, protestation qui, couvrant le petit-fils de Louis XIV indignement calomnié, dans ces sentimens nationaux, contraignit M. Persil à la Chambre des Pairs, et M. Thiers à la Chambre des Députés, à reculer; défense du terrain parlementaire de la droite par la coalition; mise en évidence des idées élevées et de la politique toute française de la droite aussi bien que de son amour pour les libertés publiques, attaquées par les hommes du gouvernement.

VI.

Les hommes de l'action parlementaire fidèles aux convictions de 1815 *et* 1817.

Sans aucun doute, ces résultats obtenus sont réels et utiles; mais, nous l'avons dit, le point le plus intéressant de cette étude consacrée à l'action parlementaire de la droite, porte sur la question de savoir si les hommes qui ont embrassé cette action, ont conservé leur foi dans celui des deux principes développés en 1815 et 1817 pour lequel il est encore possible de demander satisfaction; nous voulons parler du principe de liberté. Quant à l'autre principe de 1815 et 1817, la droite parlementaire avait, par ses manifestations, ses protestations et ses déclarations, avant l'installation du nouveau régime, proclamé, d'une manière éclatante, ses convictions sur ce point; elle y avait adhéré dans l'intervalle de la révolution de juillet au 10 août, intervalle pendant lequel cette adhésion était encore légale; elle avait dit que ses convictions demeuraient immuables, mais qu'elle acceptait le seul moyen d'être utile au pays.

Nous rencontrons, dès le début du nouveau régime, une occasion de constater l'état des idées de la droite parlementaire à ce sujet. Quand un nouveau pouvoir s'établit, il fait presque toujours une nouvelle loi d'élection; cela se conçoit : ainsi qu'on l'a dit avec raison, la destinée d'un gouvernement est contenue dans la loi électorale; il est donc naturel que les gouvernemens nouveaux ne s'en reposent sur personne du soin de préparer leur destinée.

Ce fut en 1831 que l'ordre de choses actuel entreprit cette grande tâche et qu'il vint apporter un projet de loi électorale à la Chambre. Il faut donc rechercher quelles idées les hommes de la droite parlementaire proclamèrent dans cette occasion solennelle, quel principe ils défendirent, quel système ils proposèrent. Eh bien! la droite parlementaire de 1831 défendit le principe de 1817, proclama les mêmes idées, développa le même système. Voici les paroles que M. Berryer prononça à cette occasion, en développant un amendement destiné à introduire dans la loi le principe des deux degrés :

« La fixation du cens est une injustice monstrueuse, et » je n'ai jamais compris l'énorme intervalle politique en- » tre l'homme qui paie 200 fr. et celui qui paie 199 fr. » 95 c. Quand on s'interroge pour savoir quelle sera la » fixation du cens, il se fait un calcul pour savoir combien » de gens on appellera à l'élection, et quel nombre de

» ses amis on appellera, on pourra faire participer à ce
» droit. (*Murmures.*)

» Mais qu'en résulte-t-il ? ce que nous avons vu depuis
» quinze ans : c'est qu'avec ce système qui se prête à des
» calculs de telle ou telle opinion, tour à tour triom-
» phante, les partis font tour à tour leurs combinaisons.
» Je ne vois là que la représentation des passions dans le
» moment où elles triomphent, et non la représentation
» des intérêts. Tel a été, à mon avis, le vice de notre sys-
» tème représentatif pendant quinze ans. Je voudrais
» donc que les communes, cette aggrégation de familles
» politiques, pussent nommer des mandataires pour con-
» courir à l'élection des députés. Je demanderais donc
» que la France fût convoquée en assemblées primaires,
» et que tous ceux qui sont inscrits au rôle de la contri-
» bution foncière, fissent partie de ces assemblées. »

Ces idées, que la droite parlementaire ne put faire prévaloir ni dans l'une ni dans l'autre Chambre, malgré les efforts de M. Berryer et de M. de Brézé, M. Berryer leur rendait un nouveau témoignage dans une lettre adressée le 2 août 1832 à la *Gazette de France* : « Vous me
» trouverez toujours prêt, disait-il, à manifester mon ar-
» dent désir d'une entière union des royalistes, et à ci-
» menter entre nous cette communauté de conviction,
» d'intention et de vœux qui doit animer tous les hommes
» sincèrement dévoués à la liberté, à la gloire, à la
» prospérité de notre chère France. Oui, j'ai toujours
» pensé qu'un peuple qui n'est pas rassemblé d'hier, qui
» a traversé quatorze siècles en développant avec un im-
» mense succès ses lois, son administration, ses arts, ses
» sciences, son industrie, en faisant sentir aux autres
» peuples la puissance de ses armes et la domination de
» son intelligence, n'en est pas réduit à chercher sa con-

» stitution et à se créer des maximes de gouvernement et » de liberté. C'est dans cette longue vie d'un peuple que » se consacrent les principes immuables de sa constitu- » tion. C'est ainsi que la France a établi ses lois fonda- » mentales. Telle est la loi qui règle en France l'ordre » de succession au trône, telle est la maxime qu'aucun » impôt ne peut être établi sans le consentement au » moins médiat de ceux qui doivent le payer. Ainsi en- » core la liberté des communes, la liberté de l'enseigne- » ment, l'indépendance de la religion et la liberté du » culte, sont des lois fondamentales de la monarchie » française. C'est par suite de mon attachement à ces » lois, que j'ai protesté contre les votes du 7 août 1830, » que j'ai combattu la centralisation administrative, le » monopole des électeurs à 300 fr. ou à 200 fr., et le pri- » vilége universitaire. »

Un peu plus tard, M. Berryer développait encore, au nom de la droite, avec sa merveilleuse éloquence, ces grandes idées et proclamait la réforme électorale au milieu des populations méridionales suspendues à ses lèvres, à l'époque de son voyage à Marseille. Enfin, dans les premiers mois de l'année 1843, tous les députés royalistes de la Chambre avouaient et professaient les mêmes principes, dans une lettre collective adressée à M. Berryer : « Comme vous, écrivaient-ils, vos amis de la Chambre » ont la conviction qu'un grand parti politique, déposi- » taire de hautes vérités sociales dont il ne lui est pas » permis de déserter la cause, est rigoureusement tenu » de les défendre, autant qu'il est en lui, dans les assem- » blées électorales, dans les conseils électifs, dans les » Chambres législatives. Comme vous, ils veulent la mo- » narchie représentative fondée sur le concours de tous » les droits et de tous les intérêts, la liberté civile et reli-

» gieuse pour tous, et par elle seule le développement des » influences morales en dehors desquelles il n'est point, » pour les sociétés, de salut et de vie; ils répudient avec » vous, dans le présent comme dans l'avenir, tout sys- » tème ayant pour base ou pour résultat la domination » exclusive d'une classe ou d'un parti. Comme vous, ils » revendiquent pour la France le rang qui lui appartient » en Europe, et s'indignent à la pensée qu'une politique » intérieure quelconque puisse chercher son point d'ap- » pui dans une intervention étrangère. »

Nous avons voulu citer textuellement cette expression complète et récente des idées des royalistes qui ont embrassé l'action parlementaire. Elle achève de démontrer que non seulement leur cœur est animé de ces sentimens nationaux que l'on doit trouver dans le cœur de tous les enfans de la France, mais qu'ils ont conservé, quant aux principes fondamentaux, les convictions des royalistes de 1815 et de 1817.

CHAPITRE III.

HISTOIRE DE L'ACTION LÉGALE EXERCÉE PAR ET POUR LA REVENDICATION DU DROIT COMMUN.

I.

Des travaux historiques des publicistes de l'école du droit commun.

Nous avons vu que, pendant que l'action armée s'annonçait à la tribune et que l'action parlementaire prenait possession du terrain où elle allait se développer, une troisième action se manifestait parmi les hommes de la droite. Cette action avait son point d'appui dans une école politique dont la *Gazette de France* était l'expression la plus puissante ; école sérieuse, convaincue, qui se rattachait d'une manière étroite à la majorité de 1815 et à la minorité de 1817, par M. de Villèle, le chef le plus influent des royalistes dans ces deux époques.

Les premières paroles prononcées par les publicistes de cette école furent destinées à marquer les voies qu'ils voulaient suivre. Pas de guerre étrangère, pas de guerre civile, pas de conspiration, pas d'émeute, et la révolution livrée à l'action de ses principes, voilà leur thème. Pour empêcher que ces principes n'enfantassent des catastrophes, ils ne demandaient et n'admettaient pour armes que la revendication du droit commun, c'est à dire la revendication d'une loi d'élection qui appelât tous les contribuables à concourir à la nomination de ceux qui votent l'impôt et discutent la loi, et qui établît ainsi la communauté des droits en regard de la communauté des charges; mais ils ajoutaient que cette revendication devait être incessante et s'exercer par toutes les voies, dans toutes les sphères. En cas que l'on employât la violence et l'illégalité pour empêcher ou pour arrêter cette revendication, ils indiquaient un bouclier et, en même temps, une épée contre l'arbitraire et le monopole : c'était le refus d'impôt. Nous n'aurons pas à prouver que cette école ne développait pas des principes en opposition avec ceux que la majorité de 1815 et de 1817 avait défendus; on verra, au contraire, par l'exposé de ses doctrines, quelle était, à proprement parler, la majorité de 1815, reprenant ses idées où elle les avait laissées.

Les travaux qu'entreprirent les publicistes qui étaient entrés dans cette action furent de plus d'un genre. D'abord, en adoptant les principes de la droite de 1815 et de 1817 sur l'organisation du pouvoir et de la liberté, ils crurent qu'il fallait trouver la raison historique qui avait réuni les royalistes de ces deux époques sur le terrain commun de ces idées. Il ne suffisait pas, en effet, que les hommes de la droite les eussent unanimement proclamées en 1815 et en 1817 pour qu'elles fussent applicables et nécessaires dans ce pays, il fallait montrer que c'était parce qu'elles étaient applicables et nécessaires que les hommes de la droite les avaient proclamées dans ces deux circonstances; qu'en un mot, elles étaient fondamentales en France, et que de là naissait la nécessité qui y ramenait toujours. L'histoire seule pouvait contenir cette preuve, les hommes de l'action exercée par et pour le droit commun, allèrent la lui demander.

C'est ainsi que fut commencé et achevé un ouvrage remarquable intitulé : *la Restauration de la Société française* (1). On y recherchait les principes constitutifs de cette société, c'est à dire ceux qui sont inhérents à son existence, et, parmi ces principes, il y en avait deux qu'on retrouvait à toutes les époques de son histoire : c'étaient le principe de la royauté héréditaire, et le principe de la représentation générale des intérêts ou de la liberté politique, précisément les deux principes que les hommes de la droite avaient défendus en 1815 et en 1817 ; principes parallèles, distincts sans être séparés, indépendans l'un de l'autre dans les limites de leurs attributions spéciales, sans être opposés, et qui réalisaient, par leur coexistence, la magnifique alliance du pouvoir et de la liberté. Sans doute les publicistes qui déroulaient le tableau de l'histoire de France, ne niaient pas que l'empire des principes constitutifs de la société française eût été fréquemment suspendu ; ils signalaient au contraire deux époques, celle de la féodalité, qui avait duré trois siècles, celle du protestantisme, dont les conséquences s'étaient prolongées pendant près de deux siècles, comme ayant amené une longue suspension de l'un de ces principes, et ils reconnaissaient en outre que la violence des passions humaines et la difficulté des situations avaient fait naître de nombreux abus qui en avaient de tout temps gêné l'influence. Mais ils ajoutaient que, de même que les maladies, ces perturbations momenta-

(1) Voir la *Restauration de la Société française*, par M. de Lourdoueix, et la *Constitution française défendue.*

nées de la constitution et du tempérament des individus, n'empêchent pas ce tempérament et cette constitution d'exister et de se développer, la violation exceptionnelle et temporaire des principes constitutifs de la société française ne saurait faire révoquer en doute l'existence de ces principes, dès l'instant qu'on était en mesure de prouver, qu'après toutes les violations, on les avait vus reparaître, et qu'au moment même de la révolution de 89, ils suffisaient à la réforme des abus, à la liberté, comme à la prospérité et à la gloire de ce royaume.

Pour arriver à cette démonstration, les publicites qui l'avaient entreprise, invoquaient trois genres de preuves: les présomptions morales, qui établissaient que la France était intéressée à ce que leurs opinions fussent fondées sur la vérité; en effet, ils faisaient observer que, s'il en était ainsi, la France était un pays propre à la liberté, tandis que, dans le cas contraire, il était peu probable que quatorze siècles de servitude l'eussent préparée à l'indépendance; en second lieu les témoignages : en effet, ils invoquaient d'imposantes autorités, Machiavel, Burke, le chancelier de l'Hospital, l'archevêque Marilhac, le duc de Bourgogne, Fénélon, Henrion de Pansey, Mme de *Staël*, Monthyon, Target, d'Epréménil, les historiens dans leurs annales, les rois de France en leurs ordonnances de convocation, les parlemens dans leurs remontrances, les bailliages dans leurs cahiers remis aux députés envoyés aux États-Généraux, qui tous proclamaient le principe de la représentation générale comme constitutif en France au même titre que le principe monarchique. Enfin, arrivant aux faits, ils montraient, dans l'histoire, les Champs de Mars de la première race, les Champs de Mai de la seconde, les États-Généraux de la troisième, et expliquaient l'interruption des Champs de Mai par la féodalité qui avait fractionné politiquement la France, l'interruption des États-Généraux par le protestantisme qui l'avait fractionné religieusement, de telle sorte que, l'unité nationale ayant disparu, on avait vu disparaître les assemblées qui étaient l'expression de cette unité. Ils faisaient remarquer, en même temps, que le principe de la représentation générale, exclu des faits, ne cessa d'apparaître dans les intelligences comme le moyen fondamental et constitutif de dénouer les difficultés et de trancher les grandes questions; que Fénélon et le duc de Bourgogne le reconnurent et l'adoptèrent; que Louis XIV le retrouva dans les conférences d'Utrecht, où les puissances coalisées contre la France demandèrent au grand roi de faire sanctionner le traité par les États-Généraux; et dans l'affaire de son testament, que M. de Torcy lui conseillait, dans un mémoire, de déposer dans le sein des États-Généraux, afin d'écarter de la régence M. le duc d'Orléans, devenu suspect à la nation (1); que le régent d'Orléans songea à avoir recours à ce principe, au commencement de la régence et après le naufrage financier du système de Law; que les princes légitimés l'invoquèrent quand il s'agit de la loi de succession, Philippe V au moment de la signature du traité de la quadruple alliance. Ils terminaient en faisant remarquer le grand mouvement de 89 et l'aspiration des esprits vers les États-Généraux, le parlement proclamant lui-même dans le lit de justice qui suit l'assemblée des notables, « que le principe constitutionnel de la monarchie française est que les impositions seront consenties par ceux qui les doivent supporter, » et les bailliages réunis pour nommer des électeurs, rédigeant des ca-

(1) C'est Lemontey qui semble attribuer ce mémoire à M. de Torcy.

hiers où plusieurs millions de Français, d'accord sans s'être concertés, réclament tous, comme constitutifs en France, la perpétuité de la monarchie, le gouvernement monarchique, et l'existence des États-Généraux, appelés désormais périodiquement à consentir les impôts et à discuter les lois.

C'était, nous l'avons dit, la raison des principes royalistes de 1815 et de 1817, tirée de l'histoire. Sans doute, on n'établissait pas que les principes constitutifs qu'on proclamait eussent toujours dominé sans conteste et sans solution de continuité en France; c'eût été là un roman indigne d'hommes sérieux. L'histoire des sociétés comme celle de l'homme est toujours l'histoire d'une lutte; la lutte des volontés bonnes et mauvaises sous l'empire des principes tour à tour triomphans ou vaincus, la poursuite d'une espèce d'idéal social quand il s'agit d'un peuple, la poursuite d'un idéal humain quand il s'agit des individus. Les sociétés, pas plus que les individus, n'arrivent à la réalisation parfaite et surtout immuable et sans abus comme sans ombre de leur idéal; mais elles en approchent plus ou moins. Il y a toujours des abus, parce qu'il y a toujours des hommes; mais les sociétés n'en doivent pas moins tendre sans cesse vers la perfection la plus haute qu'elles puissent atteindre, et c'est par l'application la plus fidèle des lois constitutives qu'elles portent en elles, qu'elles se perfectionnent et s'épurent.

Les publicistes qui avaient embrassé l'action du droit commun, rendaient donc un véritable service à leur pays en cherchant dans l'histoire les lois fondamentales de son existence; ils rendaient également un grand service à leur opinion, et, s'ils ne faisaient que revendiquer les principes déjà proclamés par la droite de la Chambre de

1815 et de 1817, ils leur prêtaient une très grande autorité en établissant, par une déduction historique pleine de suite, qu'ils étaient fondamentaux dans ce pays.

II.

Travaux politiques des publicistes de la même école.

Quand les publicistes de cette école eurent ainsi motivé l'adhésion des royalistes de 1830 aux doctrines et aux idées des royalistes de 1815 et de 1817, et enfoncé profondément, dans le passé de notre histoire, les racines de cette opinion unanimement professée par les hommes de la droite, ils crurent avoir une autre tâche à remplir.

Il y avait eu, de 1789 à 1830, un caractère frappant dans les divisions qui avaient déchiré la France, c'était leur persistance, leur durée et la fragilité de tous les gouvernemens. D'où venait qu'après quelques intervalles de calme, résultats de la lassitude ou de la compression, ces divisions renaissaient comme d'elles-mêmes? Pourquoi trouvait-on, dans tous les partis, la foi politique dans la justice de leur cause et une énergie de conviction qui rendaient les luttes éternelles? Évidemment la société française était sous le poids de quelque immense malentendu, et l'on ne pouvait expliquer l'état de choses qui se prolongeait depuis plus de quarante ans, qu'en supposant qu'il y avait, dans chacune des opinions qui se disputaient la France, des parties d'erreur mêlées à des parties de vérité, et que chacune d'elles, après avoir triomphé par ce qu'elle avait de vrai, succombait par ce qu'elle avait d'erroné (1).

En partant de cette hypothèse qui offrait le caractère d'une vraisemblance bien voisine de la vérité, les publicistes de l'école du droit commun examinèrent tous les gouvernemens qui s'étaient succédé dans les quarante dernières années, et ils firent remarquer que tous ces gouvernemens avaient été, qu'on nous passe ce terme, des gouvernemens de circonstance, destinés à pourvoir à une situation donnée, et que par conséquent ils avaient eu quelque chose de transitoire comme cette situation, et d'arbitraire comme la volonté humaine, au lieu d'avoir ce caractère de durée et de solidité qui est le cachet des gouvernemens établis sur les nécessités fondamentales et éternelles d'une société.

Ainsi, pour prendre cette histoire au rebours, le gouvernement de 1830 avait été le gouvernement de 1814, plus une charte retournée dans le sens de la souveraineté du peuple, parce que l'article 14 ayant été interprété dans le sens du pouvoir absolu du roi, on avait vu que les garanties de la charte octroyée s'évanouissaient, ce qui avait décidé les vainqueurs à substituer l'octroi populaire à l'octroi royal, ou, pour parler plus juste, le pouvoir constituant du peuple au pouvoir constituant du roi. Le gouvernement de 1814 avait été la substitution de la dynastie légitime sous laquelle on pouvait obtenir, avec les conditions les plus favorables, une paix dont on ne pouvait se passer, au gouvernement militaire qui condamnait la France à une guerre dont la prolongation était devenue impossible. Le gouvernement militaire avait été institué parce que le pouvoir républicain, partagé entre

(1) Voir l'*Appel à la France contre la division des opinions* (1831).

cinq directeurs, avait compromis la France au dehors, et qu'au dedans il était insuffisant pour empêcher la nation de revenir à la monarchie. Le Directoire avait été institué parce que le gouvernement de la terreur avait péri par ses propres excès. Le gouvernement de la terreur avait été institué parce que, la république étant une anomalie en France, il avait fallu surexciter toutes les passions démocratiques par une espèce de fièvre, briser toutes les résistances par la violence, et commander à toutes les répugnances par la peur. La république avait été fondée, parce qu'on avait complètement échoué dans l'établissement d'une démocratie royale, c'est à dire d'une assemblée régnant, gouvernant et administrant sous le nom d'un roi fainéant et impuissant. Enfin on avait fait cet essai de la monarchie constitutionnelle, comme on l'appelait alors, ou, pour parler plus juste, de la monarchie subalterne, parce qu'une assemblée, envoyée par la France pour concourir avec la royauté à réformer les abus, avait subi l'action d'une ville travaillée par les faux systèmes, avait déchiré ses mandats, s'était arrogé un pouvoir constituant, et avait substitué l'arbitraire de sa volonté à l'action naturelle et légitime des principes constitutifs de la France.

Ainsi, en remontant d'échelon en échelon, nous voulons dire, de gouvernement en gouvernement, l'histoire de ces dernières années, on arrivait à un acte d'arbitraire primitif qui avait faussé les principes fondamentaux de la société française, et, depuis cette violation première, c'était toujours par un nouvel acte d'arbitraire qu'on était sorti des situations fausses et périlleuses où l'acte d'arbitraire précédent avait conduit. Pour gouverner la France ainsi détournée de ses véritables voies, il avait fallu créer une force qui fît violence à ses tendances, une puissance dominatrice qui remplaçât l'action régulière de ses influences naturelles. Cette puissance dominatrice, dictatoriale, révolutionnaire, ce fut la centralisation, à laquelle, disaient énergiquement les publicistes de l'école du droit commun, on composa une souveraineté de tout ce qu'on avait enlevé à la royauté au nom du peuple, de tout ce qu'on avait enlevé au peuple au nom de la royauté. Cette centralisation reposait sur trois leviers : une machine de dictature parfaitement organisée, dont les roues sont partout et dont le manche est à Paris ; une coalition d'égoïsmes qui se croient le droit d'exploiter tous les gouvernemens, et, au moyen de chaque gouvernement, la France ; une force d'idées et de passions dont le siége est à Paris, et, au moyen de laquelle ces égoïsmes qui la font naître, s'emparent de chaque gouvernement nouveau et renversent les gouvernemens anciens qui veulent leur résister.

Depuis 89, la France est donc gouvernée par expédiens et en dehors des principes fondamentaux de son existence. De là ces convulsions continuelles, ces perpétuels recours à l'arbitraire et à la force, toujours obligés de retoucher aux rouages qu'ils ont organisés sans se conformer aux lois de la mécanique politique. Ce qu'il y a de pis, c'est que cette puissance de la centralisation et la coalition d'égoïsmes qui s'en empare, s'appuient tour à tour sur les deux principes fondamentaux de la société française, en les séparant et en exagérant celui qu'elles adoptent momentanément. Du principe de la représentation générale des intérêts, elles font le pouvoir constituant du peuple, ou la souveraineté populaire; du principe monarchique, elles font le pouvoir constituant du roi ou la dictature royale.

C'est ainsi que la restauration elle-même se trouva engagée dans ces mauvaises voies, d'où la majorité royaliste de 1815 et la minorité royaliste de 1817 essayèrent en vain de la faire sortir. La restauration contenait en effet une moitié de la vérité sociale, la légitimité royale; si elle avait rappelé l'autre moitié de cette vérité, qui est la liberté nationale garantie par une assemblée à la nomination de laquelle auraient hiérarchiquement concouru, au moyen du vote à plusieurs degrés, tous les contribuables, on échappait à l'action arbitraire de la volonté humaine, on replaçait la France sous l'empire de ses principes constitutifs, on atteignait le but qu'on avait manqué en 89, on fermait l'ère de cette révolution qui dure depuis un demi-siècle, comme le disait M. le prince de Talleyrand peu de temps avant sa mort, et l'on entrait dans une voie de régénération et de réparation sociale, où l'on aurait trouvé des obstacles sans doute, mais où l'on aurait été soutenu par la force d'une situation vraie. Au lieu de cela, la restauration fut confisquée par les hommes qui tenaient les affaires depuis l'origine des troubles, et qui lui prêtèrent la centralisation et le monopole, sauf à les lui reprendre. Elle fit tout le bien qu'elle pouvait faire avec la moitié de vérité sociale qu'elle portait en elle ; puis, quand, poussée par les difficultés de la situation, et heurtant à chaque pas les piéges et les trappes politiques qu'on avait pratiqués autour d'elles, elle voulut, pour sortir de cette constitution où elle étouffait, invoquer ce pouvoir constituant qu'on lui avait, quinze ans plus tôt, reconnu contre le droit national qui existe par lui-même et qu'il appartenait seulement à la royauté de constater et de proclamer, et non de concéder, ceux qui avaient usurpé le droit national de la société au nom du pouvoir constituant du roi, renversèrent le droit royal au nom du pouvoir constituant du peuple, à Paris par la force de passions qu'ils y entretenaient, et en France à l'aide de la force de la centralisation, et ils conservèrent la jouissance du monopole et de l'arbitraire sous une autre dénomination et à un autre titre.

III.

Ligne politique adoptée par les royalistes de cette école.

C'est ainsi que les publicistes du droit commun, après avoir établi par l'histoire que, parmi les principes constitutifs de la société française, les deux plus importans, ceux qui garantissaient tous les autres, c'étaient la royauté et la représentation générale des intérêts, prouvaient par la politique que tous les troubles et tous les renversemens auxquels nous assistons depuis un demi-siècle, n'avaient pas eu d'autre cause que les déviations par lesquelles on s'était écarté de ces principes, et c'est ainsi qu'ils arrivaient, d'abord à motiver la conduite des royalistes de 1815 et de 1817, ensuite à expliquer celle des royalistes de 1830, et en particulier cette revendication du droit commun par la réforme électorale, qui était leur grand moyen d'action. Ce moyen d'action ils le justifiaient en remontrant que, des deux principes constitutifs, c'était le seul qu'il fût possible de revendiquer légalement et librement, sous la loi nouvelle; et en second lieu, que les royalistes, en le revendiquant, se rendaient possibles en France, parce qu'il détruisait les préjugés qu'on avait accrédités contre eux, à l'aide du souvenir des abus de l'ancien régime et des prétentions constituantes qu'on avait suggérées à la restauration en 1814 et en 1815.

Une fois solidement établis sur ce terrain, les publicistes du droit commun songèrent à mettre leurs idées en action, et, dans cette intention, ils provoquèrent de nombreuses pétitions pour la réforme électorale ; ils examinèrent dans quel cas l'impôt pouvait être légalement refusé, et, en 1832, ils rédigèrent, de concert avec un grand nombre de royalistes présens à Paris, une espèce de profession de foi politique qui contenait le résumé des principes qui leur apparaissaient comme ayant été fondamentaux en France, et provoquèrent l'adhésion publique de tous les Français qui se trouveraient en communion d'idées avec eux. Les auteurs de cette déclaration s'exprimaient ainsi :

« Nous proclamons le vote libre de l'impôt et des lois » par les représentans de la nation, convoqués en assem- » blées des communes et des provinces. Nous appelons » aux assemblées des communes *tous les Francais ou na-* » *turalisés Francais âgés de vingt-cinq ans, domiciliés et* » *compris au rôle des impositions directes*, conformément à » la déclaration du 24 janvier 1789.

» Nous reconnaissons également comme bases princi- » pales du droit public en France, reconnues par les dé- » libérations des assemblées et la déclaration royale du » 23 juin 1789, la liberté individuelle, l'inviolabilité de » la propriété, la liberté de la presse, la liberté religieuse » et de conscience, la franchise du domicile, l'égalité de- » vant la loi et dans la répartition des charges, l'admis- » sibilité de tous aux fonctions publiques, l'indépendance » des tribunaux, l'institution du jury.

» Ces droits devront être soumis aux règles déterminées » par la loi pour qu'ils ne puissent nuire à la société, et » nul Français ne pouvant trouver de limites à sa liberté

» que dans la volonté générale exprimée par la nation, » les Etats-Généraux détermineront dans quelles bornes » et à quelles conditions ces droits seront exercés.

» Nous regardons comme acquises à la France l'indé- » pendance des communes et des provinces, en ce qui » concerne les intérêts locaux; l'élection de leurs magis- » trats par les citoyens contribuables et domiciliés; la » libre délibération des conseils librement élus, sur tout » ce qui se rapporte à l'administration de leurs affaires » particulières.

» Nous regardons comme nécessaires au repos et à la » prospérité de la France, comme dérivant des princi- » pes que nous avons établis les points ci-après :

» 1° La périodicité des assemblées;

» 2° Le vote public et patent, le seul conforme au ca- » ractère de la nation et à l'honneur français;

» 3° L'abolition du serment en matière d'élections » communales, provinciales et générales, les mandataires » ne devant s'engager qu'avec ceux dont ils tiennent leurs » pouvoirs;

» 4° L'association des citoyens entre eux, dans les villes, » en corporations libres d'après l'état actuel de la société » et selon les intérêts communs, auxquelles il sera assuré, » non des priviléges, mais une représentation;

» 5° L'administration gratuite;

» 6° La restitution aux communes de leurs biens non » vendus et établissemens, et la libre disposition de » leurs capitaux et revenus;

» 7° La liberté de l'enseignement dérivant des droits » du père de famille et de la commune;

» 8° L'établissement d'un conseil-d'état inamovible;

» 9° La création d'une chambre composée des grands » dignitaires de la couronne, des maréchaux de France,

» des présidens des cours judiciaires, et des grandes notabilités et capacités de la France ;

» 10° La répartition de l'impôt par les assemblées provinciales. »

Les adhésions à cette déclaration de principes furent assez éclatantes et assez nombreuses pour alarmer le pouvoir. Seize journaux de provinces, des hommes éminens dans les assemblées publiques, comme MM. Berryer et de Dreux-Brézé ; des écrivains renommés, comme M. de Bonald ; d'illustres capitaines, comme M. le duc de Bellune ; d'anciens pairs, comme M. le vicomte d'Ambray ; d'anciens magistrats, d'anciens administrateurs, comme MM. de Suleau et de Curzay, adhérèrent à la déclaration, et le ministère de cette époque crut urgent d'arrêter ce mouvement en intentant des poursuites judiciaires contre la *Gazette de France*, qui avait publié la déclaration, et contre M. Fouquet, juge non démissionnaire, qui avait envoyé au journal son adhésion fortement motivée. Ce procès, qui ne devait pas être le dernier intenté à la *Gazette de France* (1), fut pour M. de Genoude, son directeur, l'occasion de développer, avec une nouvelle force et une nouvelle liberté à l'audience, les principes des publicistes qui avaient embrassé l'action du droit commun. On peut dire que, dans ce procès, dans celui qu'on lui intenta à cause de la publication de *la Logique de la Gazette de France* (2), dans celui qu'il eut à soutenir à l'occasion *d'une Lettre à Louis-Philippe* (3), et dans celui qui le ramena sur le banc de la

(1) La *Gazette de France* a payé, depuis 1830, 200,000 francs d'amende, et a été condamnée, dans la personne de son directeur et de ses gérants, à 77 mois d'emprisonnement.

(2) Audience du 4 mars 1833.

(3) Audience du 25 janvier 1834.

cour d'assises à l'occasion d'un article intitulé : *la Majorité de Henri V et le refus d'impôt* (1), il acheva d'exposer les idées qu'il défendait, avec un éclat et une franchise que ses paroles n'auraient pas pu avoir au même degré dans un journal. Il devient évident qu'aux yeux des publicistes du droit commun, l'audience était bien moins un lieu où l'on pouvait obtenir un acquittement, qu'une tribune du haut de laquelle on pouvait parler au pays tout entier.

C'est ainsi que M. de Genoude disait, dans le procès de *la Déclaration de principes* : « Rétablir l'intérêt national est » le seul moyen de faire cesser les intérêts de parti qui » ne s'étaient composés qu'à ses dépens. Pour reconsti- » tuer cet intérêt national ou général, nous avons cher- » ché ce qu'il y avait de national dans les vœux de tous » les partis, et nous avons reconnu que l'ordre, la stabi- » lité, la liberté et le progrès étaient le fond des doctrines » des hommes de la droite, des centres et de la gauche. » Tous ces principes, c'est par l'effet de quarante ans de » malentendus qu'ils sont maintenant séparés ; ils ont fait » la France et tous sont réunis dans notre constitution » nationale bien entendue ; c'est depuis, qu'au lieu de » réformer les abus on a détruit notre constitution, que » cette nation est livrée au désordre. Pour obtenir que » tous les Français abandonnent les questions de partis, » afin de se placer sur un terrain neutre en quelque » sorte, où chacun puisse venir sans s'accuser récipro- » quement, il nous a fallu montrer d'abord que notre » pensée n'était pas une pensée individuelle, mais une » pensée nationale. Afin que, le juste milieu succombant, » la république ne triomphe pas, il faut que les hommes

(1) Audience du 29 mars 1834.

» de la droite prennent, devant le pays, des engagemens » si solennels qu'il n'ait pas à craindre qu'un pouvoir » quelconque les entraîne jamais jusqu'à mettre en péril » les libertés nationales. En se déclarant réunis à des » doctrines fondées sur les principes nationaux, il est » impossible que désormais on les puisse accuser de vou- » loir le pouvoir absolu, de désirer la guerre étrangère ou » la guerre civile, d'appeler dans leur patrie autre chose » que l'union, la paix et le concours de toutes les volon- » tés comme de tous les intérêts. Si nous avons contre » nous tous les partis considérés comme partis, nous » avons pour nous ce qu'il y a de vraiment généreux » dans les hommes de toutes les opinions; nous avons » tous ceux qui ne tiennent à ces partis que par l'intérêt » général, c'est à dire ceux qui, dans chacun d'eux, veulent » l'ordre, la liberté et la gloire de la France. En dehors » du plan que nous suivons, on ne peut trouver pour la » France aucun moyen de faire cesser le combat des opi- » nions et des intérêts, et l'on ne peut opposer à ce com- » bat que l'oppression et les voies violentes. De tous les » partis, en dehors des voies indiquées, on ne peut attendre » que des entreprises aventureuses, des émeutes et des » conspirations. Le pouvoir ne peut, de son côté, lutter » contre cette situation que par des mesures rigoureuses, » des procès, des agens de police, et le pied de guerre » ou le grand pied de paix. Nous, au contraire, nous » n'employons aucune violence, nous ne prêchons que la » paix et le maintien de l'ordre, et nous ne voulons triom- » pher que par la seule force des principes constitutifs » de cette société. Il y a toujours eu, dans ce pays, une » voie naturelle et légale d'échapper aux révolutions; » elle est tracée et affermie depuis des siècles, comme ces » voies romaines qu'un dur ciment a consolidées sur le

» sommet de nos montagnes. Il suffit pour cela d'une ma» jorité nationale aux prochaines élections, ou de la de» mande d'une assemblée générale par huit millions de » contribuables dans leur commune, bien décidés à re» fuser l'impôt, si le gouvernement leur refusait la ré» forme parlementaire. Le vote de l'impôt par les contri» buables est un droit national; le refus de l'impôt à un » pouvoir illégal et arbitraire est la conséquence immé» diate de ce droit (1). »

M. de Genoude disait encore dans le procès qu'il eut à soutenir à cause de la prétendue alliance Carlo-républicaine : « Les hommes qui ont mis dans la souveraineté du » peuple le dernier terme des progrès de l'esprit hu» main, ont distingué avec soin ce qui est applicable de » ce qui ne l'est pas. Ils ont établi la théorie d'une ma» nière absolue ; mais, quand on arrive à la pratique, ils » établissent un si grand nombre de restrictions que la » théorie seule est ce qui reste au peuple. L'opinion à » laquelle j'appartiens n'accorde pas en théorie la sou» veraineté du peuple, mais elle demande que le peuple » entier participe à la nomination des assemblées géné» rales et que les communes et les provinces s'adminis» trent elles-mêmes (2). »

Enfin M. de Genoude disait, dans le procès qui fut intenté à la *Gazette de France* à l'occasion de la majorité de Henri V : « Après les trois jours, 219 députés, investis » par la presse et les élections d'un grand pouvoir sur » l'opinion, ne pouvant discerner des idées françaises » toutes les idées fausses anglaises et américaines, répan» dues depuis un demi-siècle dans ce pays, renversèrent

(1) Voir le Recueil des procès de la *Gazette de France*.

(2) Audience du 7 février 1832.

» le principe d'hérédité, à cause d'une confusion de ce » principe avec le principe divin ou constituant intro» duit en France par la charte doctrinaire. Que devaient » faire désormais les écrivains consciencieux et passion» nés pour le bien public? Eclairer l'opinion, attendre » le retour à l'ordre, de la presse, de l'élection, de l'ex» périence nouvelle que la France allait faire, du vœu » national. Il fallait surtout repousser tous les moyens de » violence intérieure et extérieure. » Quant au droit des contribuables, l'accusé, ajoutait : « Les rois en France » ont le gouvernement, mais ils n'ont ni la vie ni les » biens de leurs sujets. La vie et les biens, c'est toute la » liberté. — *Y a-t-il roi ne seigneur*, disait Commines » sous Louis XI, *qui ait pouvoir, outre son domaine, de* » *mettre un denier sur ses sujets, sans octroi et sans con*» *sentement de ceux qui doivent le payer, sinon par tyran*» *nie ou violence?* — Quand Philippe demanda la raison de » la résistance du peuple à la perception du 50e denier » qu'Enguerrand de Marigny avait voulu imposer à la na» tion, il lui fut répondu : *Que c'était parce qu'il avait violé* » *lui-même la première loi de l'Etat, la plus essentielle, plus* » *sacrée que celle de la succession à la couronne même, celle de* » *la propriété que tout impôt détruit dans son principe.* Ne » croyez pas qu'en nous exprimant ainsi, nous voulions, » par des discours insidieux, conquérir le beau nom » d'hommes populaires en compromettant, comme cer» tains hommes, par des déguisemens hypocrites, non » seulement les intérêts, mais le salut même du peuple. » Oui nous voulons être et nous sommes des hommes » populaires, parce que nous voulons la paix, la liberté » et le repos. Et qu'y a-t-il en effet de plus populaire que » la paix et la liberté? Quoi de plus populaire que le » repos, surtout s'il est accompagné de puissance et de

» gloire ? Au milieu des dangers dont nous sommes en-
» vironnés, laissez des hommes passionnés pour la
» France, préparer un port où nous puissions tous
» échapper à la tempête. Ce port, c'est la constitution qui
» est l'édifice social de la patrie, et cette constitution ré-
» side tout entière dans deux principes : l'hérédité de la
» couronne et le consentement de l'impôt par les con-
» tribuables. C'est là que se forme la souveraineté royale
» et nationale, puissance double et dont le concours est
» nécessaire à la validité de tous les actes de la légis-
» lation. »

IV.

Résultats politiques obtenus.

C'est dans ce sens que se dirigeait l'action des hommes de la droite qui avaient adopté cette ligne. Toutes leurs paroles et tous leurs actes portaient l'empreinte de ces doctrines, et, en même temps, comme on l'a déjà vu, qu'ils provoquaient des adhésions publiques aux principes qu'ils regardaient comme constitutifs, ils cherchaient, par la création de l'association pour la réforme parlementaire, à décider les hommes de la droite qui étaient entrés dans la Chambre, à adopter une ligne de conduite parallèle à la leur. Plus tard, quand la loi contre les associations leur enleva cette arme, ils proclamèrent l'utilité des mandats, continuèrent à dire, avec M. de Villèle, que la réforme était la question du moment, et protestèrent contre le monopole qui, suivant les expressions textuelles du manifeste de cet ancien ministre, publié en 1840 par tous les journaux royalistes, épuise, énerve et déshonore la France.

Il était impossible que cette ligne de conduite, développée avec persévérance, ne produisît point des résultats importans. En effet, ceux qui avaient embrassé cette action, contribuaient d'un côté avec tous les autres hommes de la droite, à faire tomber les préjugés et les calomnies répandus contre l'opinion royaliste; et, d'un autre côté, ils ne se contentaient pas de signaler le fatal malentendu qui avait été la source de toutes nos divisions, mais ils préparaient un terrain commun sur lequel on pouvait se rencontrer avec honneur, de quelque point de l'horizon politique qu'on fût parti. Il faut le dire, la crise qui dure depuis 1789, tient à deux opinions également absolues, et par conséquent également fausses, que l'on s'est prêtées sur la révolution française. Les uns ont cru qu'on voulait tout en rejeter, même les réformes réclamées avant 89 par tous les esprits sages, et les changemens nécessités par la situation même de la société, et les autres ont cru qu'on voulait tout défendre, même l'ouvrage des passions et des crimes. Alors on s'est, des deux côtés, jeté des qualifications injurieuses. La France s'est trouvée partagée en deux camps, dans l'un desquels la liberté est devenue suspecte comme révolutionnaire, tandis que la royauté devenait suspecte dans l'autre comme absolutiste. Ces fâcheuses méprises, qui s'expliquent et s'excusent par la chaleur de la lutte, cessaient d'être explicables et excusables après un demi-siècle d'expérience. Il fallait que la lumière se fît, et que l'on reconnût, d'un côté, qu'il y avait eu dans le parti de la révolution, en dehors des factieux et des monstres qui ne sont d'aucun parti, des esprits honnêtes et des cœurs droits qui s'étaient engagés contre les abus de l'ancien régime qu'ils avaient confondu avec la monarchie, et qui n'avaient en vue que le rétablissement de la liberté ; tandis qu'on reconnaîtrait, de l'autre côté, que dans le camp royaliste, s'il y avait eu des hommes qui avaient lutté pour le maintien des abus, il y en avait eu un bien plus grand nombre qui n'avaient eu en vue que la défense ou le rétablissement du principe monarchique indispensable à ce pays, et qui avaient combattu dans la révolution, non l'intelligence du perfectionnement et du progrès, mais l'exclusion donnée à une loi fondamentale et nécessaire en France.

Les hommes de la droite qui avaient embrassé l'action dont nous venons d'écrire l'histoire, rendaient à leur pays le notable service de faire cesser la confusion qui avait perpétué les haines, de dissiper le malentendu d'un demi-siècle des hommes de la monarchie et de la liberté, de contribuer à dégager ceux-là de la responsabilité des abus de l'ancien régime, des priviléges, du droit divin, de l'absolutisme ministériel, de la cour, des passions des courtisans, en dégageant en même temps ceux-ci des crimes de la révolution, de ses théories anarchiques, de ses utopies inapplicables, de ses bouleversemens insensés. Pour bien dire, ils présentaient la royauté et la liberté l'une à l'autre, telles qu'elles sont faites en France, et, en proclamant la représentation générale des intérêts comme l'un des deux principes constitutifs, ils détruisaient un à un tous les épouvantails que les passions avaient interposés entr'elles pour rendre leur divorce éternel.

Il était dès lors indiqué qu'une conciliation s'opèrerait sur ces bases, et qu'on marchait vers une situation qui rendrait possible le retour à l'unité nationale, sans laquelle il n'y a rien de possible à un bon gouvernement en France, et rien de possible à la France en Europe. Les symptômes de cette situation nouvelle se manifestèrent après la signature du traité du 15 juillet 1840, dans les réunions qui eurent lieu entre les opinions indépendantes, au sujet de la question d'Orient, puis pour la revendication du droit commun, chez MM. de Châteaubriand, Lafitte et de Genoude, et dans lesquelles la gauche et la droite se rencontrèrent, non plus seulement cette fois pour assurer la chute d'un ministère, mais pour prendre en commun la défense des intérêts nationaux. Cette situation s'est dessinée d'une manière plus claire encore dans les dernières élections, où l'on vit M. Odilon Barrot appuyer la candidature de M. le vicomte Edouard Walsh au collége de Vannes, et elle achève d'apparaître dans tout son jour par l'appui public donné, cette année, à Périgueux à la candidature de M. de Genoude, l'homme qui s'est le plus ardemment dévoué à la revendication des droits de tous, par MM. Arago, Lafitte et Dupont (de l'Eure). Il est évident que les anciennes barrières qui ont divisé les Français, sont ébranlées jusque dans leurs fondations, et qu'un travail de recomposition nationale qui refera l'unité française avec les débris de tous les partis, est en voie de s'accomplir.

V.

Les Royalistes de l'action du droit commun professent les principes de 1815 *et de* 1817.

Est-il besoin de faire ici remarquer que les royalistes

qui avaient adopté cette action politique, se rencontraient sur tous les points principaux avec les royalistes qui marchaient dans une autre voie. Ainsi ils condamnaient hautement tout recours à l'étranger; ils faisaient profession de tous les sentimens nationaux; ils flétrissaient la politique de la peur, revendiquaient la politique traditionnelle de la France au dehors, dénonçaient le mensonge de l'alliance anglaise, réclamaient pour la France cette position d'indépendance, de force, de légitime influence et de grandeur qui lui appartient en Europe, et voulaient la placer à la tête des intérêts catholiques du monde. Enfin ils se trouvaient en communion complète, quant aux principes fondamentaux du symbole monarchique, avec les royalistes de 1815 et de 1817.

RÉSUMÉ.

Notre tâche, du moins quant à sa première partie, est remplie.

Nous avons demandé, non au raisonnement, mais à l'étude du passé, quels étaient les principes fondamentaux des royalistes? La Chambre de 1815 et la Chambre de 1817 nous ont répondu que c'était, avec le principe monarchique, celui de la représentation générale des intérêts.

Nous avons demandé, à la Chambre de 1830, l'origine et la source des différentes actions royalistes qui se sont manifestées depuis la révolution de juillet? La Chambre de 1830 nous a montré l'action extra-légale et armée, l'action parlementaire et l'action par la revendication du droit commun, naissant à la fois au sein de la droite.

Nous avons demandé, à l'histoire de ces treize dernières années, si les hommes qui avaient embrassé ces trois différens genres d'action, avaient été animés de sentimens communs ou différens, et surtout s'ils avaient abandonné ou professé les principes royalistes tels qu'ils les avaient trouvés posés et définis dans les Chambres de 1815 et de 1817? Vous venez de lire la réponse de l'histoire.

Dans toutes les actions royalistes, des répulsions et des sympathies communes :

Les royalistes de l'action armée s'écrient : « Point d'invasion, point d'étranger ! »

Les royalistes de l'action parlementaire déclarent, à la tribune, qu'ils sont prêts à mettre toutes les ressources, tout le sang de la France, en y joignant le leur, dans les mains du pouvoir, pour empêcher l'invasion du territoire;

Les royalistes de l'action du droit commun répètent, avec une persévérante fermeté : « Tout par comme tout » pour la France. »

Ce sentiment unanime se personnifie partout :

Madame duchesse de Berry s'écrie, dans une cabane vendéenne : « J'emporterais plutôt mon fils dans les » montagnes de la Calabre que de le laisser prendre par » l'étranger. »

M. de Châteaubriand, cette éclatante personnification de la presse qui confond la défense des principes monarchiques avec celle du droit commun, prononce cette parole fameuse : « Je rallierai la France contre Henri V re- » venant dans les bras de l'étranger. » Et le journal (1) qui est l'organe assidu et énergique de cette action, ouvre une souscription pour créer un monument durable de cette protestation contre tout appel à l'étranger.

MM. de Larcy, de La Bourdonnaye, de Valmy et leurs collègues de la Chambre des Députés protestent, à la tribune, contre l'imputation de M. Thiers, accusant les royalistes de s'appuyer sur le dehors, et M. le marquis de Brézé jette à M. Persil, montrant dans l'avenir Henri V venant assiéger Paris, à la tête d'une armée d'étrangers, ce noble et chevaleresque démenti : « Jamais il ne re- » viendra ainsi; je réponds de lui cœur pour cœur, corps » pour corps. »

S'agit-il de la grandeur extérieure de la France? Les

(1) La *Gazette de France*. Souscription Brézé.

hommes de l'action armée, les hommes de l'action parlementaire, les hommes de l'action du droit commun parlent le même langage; tous veulent la France glorieuse et forte, pesant de tout son poids dans la balance européenne, et conduisant, comme une magnifique initiatrice, la civilisation du monde.

S'agit-il de la liberté politique et individuelle, de la liberté provinciale et communale, c'est à dire de la décentralisation, les trois actions se rencontrent dans le même vœu; toutes trois veulent la France libre. Les proclamations de la duchesse de Berry, les discours parlementaires de MM. Berryer, Fitz-James, Dreux-Brézé, et de tous leurs amis, les appels des publicistes de l'action du droit commun, concluent à doter la France de toutes les libertés.

Dernière et plus importante considération : lors qu'il faut proclamer les principes selon lesquels doit être organisée la France pour être à la fois libre et forte, le même accord subsiste. MADAME parle, l'épée à la main, de convoquer des assemblées générales, à la nomination desquelles auront concouru tous les Français au moyen de l'élection à plusieurs degrés : M. Berryer, à la tribune de l'une des deux Chambres, M. de Brézé à l'autre, demandent la convocation des assemblées primaires et une loi qui réalise le vote universel par l'élection à plusieurs degrés, et les hommes de l'action du droit commun demandent, dans leurs écrits, le triomphe des mêmes principes qu'ils regardent comme constitutifs.

Ainsi, partout dans les rangs des royalistes, l'horreur de l'étranger; partout la volonté de tout faire en France et par la France; partout le sentiment de la grandeur du pays et de la nécessité d'une politique en harmonie avec cette grandeur; partout l'amour de la liberté; partout la confiance la plus absolue dans l'efficacité nationale de l'alliance du principe monarchique et du principe de la liberté politique assurée par des assemblées sortant du vote général à plusieurs degrés. L'action armée, l'action parlementaire, l'action du droit commun n'ont eu sur tous ces sujets qu'une voix, et se sont rencontrées toutes sur le même terrain.

Mêmes répulsions ;
Mêmes sympathies ;
Même programme ;
Mêmes principes.

Si ce n'est pas l'unité du principe, nous demandons où elle peut être?

Sans doute nous n'avons pas le don de lire dans les consciences, et il ne nous appartient pas de révéler ce qui s'y passe, de même que nous ne saurions affirmer qu'il n'y ait pas, dans un parti aussi nombreux que le nôtre, quelques esprits dominés par des préoccupations particulières, quelques épaves du naufrage de l'ancien régime qui sont restées marqués d'un millésime étranger à notre époque. Dans la grande refonte des idées qui s'opère avec le temps, il y a toujours quelque esprit qui échappe; il peut donc y avoir, dans notre parti, un petit nombre d'hommes d'honneur qui aient tous les genres d'esprits, excepté celui de leur siècle, voyageurs attardés qui, n'ayant plus d'espérances, dressent leur tente dans les ombres du passé et se mettent à vivre avec leurs souvenirs. Mais c'est là une de ces exceptions qui confirment la règle; une minorité aussi faible ne prouve rien contre la majorité immense qui appartient à d'autres idées, et nous avons vu que les trois grandes fractions royalistes, celles qui ont montré qu'elles avaient en elles l'action et la vie, ont toutes manifesté leur adhésion aux principes de 1815 et de 1817, et se sont engagées d'honneur à les faire prévaloir si la France leur confiait ses destinées.

Il n'y a donc rien de changé. Aujourd'hui, comme hier, nous pouvons nous donner la main; nous sommes sûrs que le cœur qui bat dans la poitrine d'un royaliste, bat pour la France. Personne d'entre nous n'a perdu ses droits à l'estime de ses co-réligionaires politiques, et nous pouvons tous nous entendre afin de faire passer, dans les différentes actions, l'unité qui est dans les principes, résultat nécessaire pour assurer le triomphe des intérêts de notre chère patrie.

LIVRE TROISIÈME.

DE L'AVENIR DE L'OPPOSITION ROYALISTE.

CHAPITRE I.

QUEL EST LE TERRAIN SUR LEQUEL L'UNION PEUT SE RÉTABLIR ?

I.

Nécessité de rechercher les motifs qui ont amené une scission.

L'unité de principes existe parmi les royalistes qui ont adopté les trois genres d'action dont nous avons écrit l'histoire, nous l'avons prouvé par des documens positifs; cette démonstration est un fait rassurant, parce qu'elle indique qu'entre toutes les nuances l'union est possible. Cependant il est un fait malheureusement non moins notoire, c'est qu'il y a des divisions. D'où viennent-elles ? quelles sont les causes qui ont pu les enfanter ? Problème nécessaire à résoudre, et sans la solution duquel nous n'aurions rempli notre tâche que d'une manière incomplète. Si en effet on ignore ce qui divise, comment savoir ce qui pourra réunir ? Comment indiquer le terrain sur lequel toutes les nuances peuvent se rencontrer, si l'on ne cherche pas par quels points elles diffèrent, après avoir cherché par quels points elles se touchent? Comment, en un mot, après avoir retracé le passé de l'opposition royaliste, arriver, sinon par l'appréciation des motifs qui ont divisé ce passé, à pénétrer le secret de son avenir?

Nous quittons ici le terrain de l'histoire pour entrer sur celui de la discussion. Nous marcherons donc d'un pas moins assuré, parce qu'au lieu d'avoir à traiter des questions de fait qui se tranchent d'elles-mêmes, nous serons obligé d'aborder des questions d'appréciation politique à l'aide du raisonnement, arbitre souvent sujet à l'erreur. Nous marcherons cependant, car nous n'avons pas cédé, en élevant la voix, au désir de donner à nos amis la stérile consolation de savoir qu'ils veulent les mêmes choses, mais nous avons surtout songé à contribuer, de toutes nos forces, à les réunir dans les voies de l'opposition la plus sérieuse et la plus efficace pour les leur faire obtenir. L'union dans l'immobilité nous touche peu; comme l'a dit Montesquieu, c'est celle de cadavres ensevelis les uns à côté des autres. L'union que nous apprécions, c'est l'union dans l'action, le concours de toutes les volontés, de tous les efforts pour faire prévaloir les intérêts de la France, et ce sont les obstacles qui s'opposent à cette union et à ce concours, qu'il nous reste à signaler; les moyens de vaincre ces obstacles, que nous devons chercher.

Puisque les divisions des royalistes ne proviennent point des principes qui sont les mêmes, on l'a vu, chez tous les hommes de la droite, quelque divers que soient les genres d'action qu'ils aient adoptés, il est indiqué que ces divisions ne sauraient provenir que de la diversité même de ces genres d'action et de l'empire que les situations, que nous avons traversées, ont exercé sur ceux qui s'étaient engagés dans ces voies différentes. C'est donc là que doit se trouver l'obstacle véritable de l'union royaliste, et c'est de ce côté qu'il faut tourner nos regards pour chercher une issue au différend qui se prolonge depuis plusieurs mois.

On comprend en effet que chacune des fractions royalistes engagée dans une des voies d'action dont nous avons écrit l'histoire, ait pu être disposée à attribuer aux autres fractions les revers qu'elle a essuyés ou le peu de succès qu'elle a obtenu. Cette tendance est inévitable, elle est le résultat de la nature des choses. Quand on est entré dans une voie, c'est qu'on la croit bonne ; on est donc disposé à chercher à entraîner le mouvement général dans sa sphère, et à penser que, si l'on n'avance pas davantage, il faut en accuser ceux qui ont adopté d'autres routes et ne vous prêtent pas, sur le point où vous portez votre effort, tout le concours que vous étiez en droit d'attendre d'eux. En outre, il est rare qu'au lieu de dominer toujours le moyen qu'on emploie, on ne soit pas quelque-dominé par ce moyen, au point de ne pas apprécier les fois moyens qui diffèrent du vôtre.

Qui ne se souvient qu'en 1832 ce fut ce qui excita les plaintes des royalistes de l'action extra-légale ? Ils élevèrent, à ce sujet, de vives récriminations contre les royalistes de l'action parlementaire, et contre les royalistes qui avaient adopté l'action du droit commun : « Mes amis de Paris ne peuvent connaître l'état de » ce pays, ils ne le savent que par les personnes oppo- » sées au mouvement, » disait douloureusement madame duchesse de Berry à M. Berryer, quand il vint lui apporter la note du comité de Paris qui l'engageait à quitter la France et à ordonner aux chefs de remettre l'épée dans le fourreau; puis elle ajoutait : « Croyez-moi, » ce n'est pas à cent lieues qu'on peut juger l'opportu-

» nité d'un soulèvement. Les choses se fussent mieux » passées dans les premières guerres, si Paris n'eût pas » voulu toujours donner une direction aux provinces de » l'Ouest » (1). De leur côté les deux autres fractions de royalistes censurèrent l'action extra-légale et armée, non seulement comme un acte illégal, ce qui était incontestable, mais comme une faute politique.

Nous n'avons pas à nous occuper de l'action armée. Le parti que prirent les hommes qui se rattachent à cette nuance, supporte peu la discussion dans un temps où la liberté de discussion est si étroitement mesurée aux écrivains ; et nous avons d'ailleurs déjà fait observer que la guerre civile se fait et ne se discute pas, d'autant plus qu'on ne saurait, sans tomber dans une anomalie, employer un moyen légal et régulier, comme la liberté de discussion, à justifier un moyen irrégulier, violent et extra-légal comme la guerre civile. L'action exercée par la revendication du droit commun et l'action parlementaire n'ayant aucun de ces caractères, on ne peut repousser la discussion sur ce double sujet par une semblable fin de non recevoir. Nous essayerons donc d'indiquer les raisons qui ont séparé ces deux actions et leur ont par conséquent donné des griefs mutuels l'une contre l'autre; puis, nous arriverons à rechercher s'il n'existe pas un terrain commun sur lequel elles puissent et doivent se réunir ; c'est la question de l'avenir de l'opposition royaliste.

(1) *Journal militaire d'un chef de l'Ouest*, par M. le baron de Charette, page 58.

II.

Époque à laquelle remonte la scission.

Une première question doit être posée, et sa solution jettera une grande lumière sur le point que nous avons tant d'intérêt à éclaircir. Y a-t-il eu, avant toutes les discussions, un moment où toutes les nuances d'opposition royaliste ont marché ensemble, quel que fût le genre d'action qu'elles eussent embrassé ? Si cet accord a existé, sur quel terrain se rencontrait-on ? Si on parvient à le découvrir, il est indiqué que c'est le terrain commun où l'on peut encore se rencontrer, dans le cas où les motifs qui ont troublé l'union royaliste, n'exerceraient plus leur influence. L'accord serait d'autant plus facile que la ligne qu'il faudrait embrasser aurait déjà été celle de tout le monde. Ainsi personne ne se rallierait ; ce ne serait pas l'opinion d'une fraction de royalistes qui dominerait l'opinion des autres fractions; ce serait ce qu'il y a de commun dans toutes les actions partielles, qui deviendrait la ligne générale de l'opinion tout entière.

Ce que nous avons donné comme une hypothèse, est une réalité historique. Au début de la révolution de 1830, les royalistes appartenant aux deux genres d'actions légales marchèrent assez long-temps ensemble (1). Quand

(1) Nous ne parlons pas ici des royalistes de l'action armée, parce qu'ils n'avaient pas, à proprement parler, d'organe avoué, attendu qu'il est anormal, comme nous l'avons dit, de se servir de la discussion, qui est un moyen légal et régulier, pour professer des opinions de guerre civile, moyen violent et extra-légal. Mais nous devons cependant faire observer que les journaux qui se rapprochaient de

M. Berryer, s'emparant de Marseille par l'ascendant de sa présence, faisait régner son éloquence à la place des autorités civiles et militaires qui, pour ainsi dire, lui en remettaient les clefs et se rangeaient autour de lui comme un ornement de son triomphe; quand sa parole dominatrice, excitant dans cette immense population une agitation pacifique et légale, arrachait de toutes les bouches le cri de *Vive la réforme*, M. Berryer était évidemment entré dans l'action par la revendication des droits généraux. N'en était-il pas de même encore, quand il présentait le système électoral de la droite de 1817 à la Chambre de 1831, et qu'il demandait la convocation des assemblées primaires, afin que l'universalité des Français vînt y nommer les électeurs qui devaient nommer lesdép utés de la France; ou quand il écrivait pour adhérer à la déclaration de principes publiée dans le journal qui était le principal organe des royalistes qui exerçaient leur action politique par la revendication des droits de tous? N'a-t-on pas vu MM. Béchard et de Larcy suivre la même voie, et M. de Dreux-Brézé développer à plusieurs reprises, avec une netteté admirable, devant la Chambre des Pairs, les mêmes principes?

Il n'y a rien qui puisse étonner dans cette simultanéité et cette conformité des deux actions légales de l'opinion

cette nuance par la vivacité de leur opposition, et les hommes qui appartenaient à cette action, comme on le vit par la suite, n'avaient qu'une voix, quant à la loi d'élection, quant à la nécessité de la changer et de la remplacer par une loi fondée sur le respect de tous les droits. C'est ainsi que *la Quotidienne*, lors de la discussion de la loi de 1831, reprocha formellement à la majorité d'avoir repoussé le vote universel à deux degrés avec les assemblées primaires, que les amis de l'ordre et de la liberté avaient proposés en toute occasion. (Voir les paroles de *la Quotidienne*, citées dans le second livre.)

royaliste. Qu'on le remarque, en effet; ce qu'elles portaient en commun, c'était un principe commun, le seul des principes de la droite de 1815 et de 1817 qu'on puisse légalement revendiquer depuis la révolution de 1830. Il est donc indiqué que, l'unité existant par la communauté de principes, l'union doit, quand elle a été détruite ou altérée, se refaire par la revendication des principes. Il est également indiqué que, puisque les actions diverses ont pu marcher de concert, c'est moins encore à la diversité de ces actions qu'à l'influence qu'ont exercée sur elles des situations impérieuses, qu'on doit attribuer les divergences qui ont éclaté entre elles, et qu'elles sont différentes sans être incompatibles. En cherchant, en effet, d'où vient que la simultanéité et la conformité qui ont existé, dans les premiers temps de l'ordre de choses actuel, entre les deux actions royalistes, ont cessé d'exister, nous rencontrerons tout d'abord une raison qui explique ce fait d'une manière satisfaisante.

III.

De la situation qui a causé les dissentimens.

Les hommes de la droite, qui étaient engagés dans le parlement, semblèrent, quelque temps après le vote de la loi électorale de 1831, frappés d'une considération: c'est qu'il n'y avait aucun espoir sérieux et confirmé par la pratique des choses, d'obtenir de la Chambre et même du pays la réforme de cette loi, tant qu'on n'en aurait pas fait l'épreuve. Une loi d'élection, comme on l'a dit, contient tout un gouvernement; ils crurent que le pays, avant de passer outre, voudrait prendre conseil de l'expérience et savoir quelle serait la valeur du système de gouvernement qui sortirait de la loi électorale qu'on venait d'instituer. N'était-on pas d'ailleurs, qu'on nous passe ce terme, dans cette espèce de lune de miel d'un nouveau pouvoir qui rend impossible toute innovation importante; car la préoccupation bouche les oreilles des hommes qui, croyant le nouveau système de gouvernement praticable, et ayant le pouvoir à la portée de leurs mains, n'écoutent même pas ceux qui veulent leur prouver qu'il faut passer outre. Cela est si vrai, qu'au moment où nous sommes, nous entendons des publicistes éminens de l'opinion royaliste avouer qu'ils trouvent partout des hommes appartenant à des opinions contraires, qui demeurent tout surpris et tout charmés d'entendre ce qu'on leur répète déjà depuis treize ans, sans qu'ils s'en doutent, sur les idées des royalistes relativement à la liberté et sur la manière dont ils la comprennent. Quoi d'étonnant à cela, en effet? C'est la première fois qu'on le dit pour ces hommes, puisque c'est la première fois qu'ils écoutent.

Nous affirmons que ce fut là le premier motif qui amena la scission, parce que ce fut la première observation qui dut se présenter aux royalistes des Chambres. Les hommes de presse, qui sont plus près des idées que des faits, et qui d'ailleurs s'adressent directement à un certain nombre d'esprits en communauté de convictions avec eux, peuvent braver l'inattention et l'indifférence des esprits qui marchent dans d'autres voies, et continuer leur mission morale, en attendant que l'expérience leur ramène le gros des intelligences et leur permette d'aspirer à des résultats pratiques. Mais cela est plus difficile pour les hommes de l'action parlementaire. Quand on est près du mouvement des affaires et de la marche des faits, comme cela arrive dans les assemblées politiques, on a une grande répugnance à renoncer à la part d'influence qu'on croit pouvoir exercer sur cette marche et ce mouvement, pour acquérir cette action morale dont le levier est en dehors de la sphère où l'on se trouve, et qui s'exerce à longue échéance sur les idées.

Une seconde raison vint encore donner une nouvelle force à la tendance qui entraînait les royalistes de l'action parlementaire. Mêlés à tous les partis entre lesquels se divisait la France, et se trouvant journellement en contact avec eux, ils apprécièrent de plus près les préjugés qui existaient contre les royalistes, et pensèrent qu'avant tout il importait de faire tomber ces préjugés qui ôtaient toute influence aux hommes de la droite en France. Comme on les considérait uniquement comme des hommes de parti, qui ne se mêlaient aux affaires publiques qu'afin de les troubler et de poursuivre le triomphe d'un intérêt dynastique, et qu'on leur répétait qu'ils n'étaient préoccupés que d'une question de personne, ils attachèrent un grand prix à entrer dans la discussion des affaires, afin de prouver, non plus par des paroles mais par leurs actions, qu'ils étaient profondément préoccupés des intérêts nationaux; que leur opposition n'était pas, comme on le prétendait, une opposition fondée sur la rancune et sur une question de personne; mais que ce qu'ils voulaient avant tout, c'était un pouvoir placé dans les conditions nécessaires pour procurer à la France la somme de bonheur intérieur, le degré de dignité morale auxquels elle a droit, et la part d'influence extérieure qu'el[illegible] est appelée à exercer en Europe par la puissance de son génie national, la majesté de ses souvenirs, les avantages de sa position géographique, la force de sa population et l'étendue et les richesses de son territoire.

Il résulte de ce qui précède que, dans le parlement, les hommes de la droite ont cru devoir subordonner leur action au mouvement qui emportait les esprits dans le corps dont ils faisaient partie; traiter les questions qui y attiraient l'attention générale, laisser dormir celles dont l'attention parlementaire et électorale s'éloignait; qu'en un mot ils ont cru devoir subir, comme une nécessité de position, l'empire que l'assemblée, où ils se trouvaient, exerçait sur eux, parce qu'ils ne voyaient pas d'autres moyens d'acquérir une influence dans la Chambre, et qu'ils étaient convaincus que l'action d'une opinion dans une assemblée est subordonnée au soin que prend cette opinion de ne pas devenir étrangère à cette assemblée.

Tel fut leur point de vue. Etait-il complètement juste? Avait-il ses inconvéniens? N'aurait-il pas été possible souvent de sortir, par une initiative hardie, des ornières parlementaires? Nous hésitons à nous prononcer sur cette question, parce que nous appartenons à une autre action, et qu'il ne serait peut-être pas équitable de juger les soldats d'une autre arme avec les lois de la nôtre. Etait-il possible de se créer, dès les premiers temps, dans la Chambre, la position d'O'Connell dans le parlement d'Angleterre? Ou bien était-il nécessaire de se conformer aux situations diverses que la Chambre traversait, de partir des questions qui l'occupaient, en un mot, de recevoir son initiative: voilà le problème à résoudre. Mais si l'on peut douter qu'on ait fait tout ce qu'il y avait à faire, il faut cependant reconnaître, comme nous l'avons dit, en traçant l'histoire de l'action parlementaire, qu'il y a eu des choses très importantes d'accomplies. Les idées royalistes maintenues à la tribune en 1830, 1831 et 1833; la défense de ces idées et du passé des hommes de la droite; la preuve éclatante et publique de leur nationalité, la preuve de leurs dévouemens aux intérêts de la France, la preuve éloquente de leur intelligence des affaires du pays, et par conséquent l'abolition de bien des préjugés, voilà les résultats de l'action parlementaire des hommes de la droite.

Dans le cours de cette action parlementaire, désavouèrent-ils les principes royalistes sur le pouvoir et sur la liberté ? Nous avons vu le contraire. Dans plusieurs occasions remarquables, ils renouvelèrent leur profession de foi, et récemment encore tous les royalistes de la Chambre, dans une lettre collective à M. Berryer, ont professé les principes des royalistes de 1815 et 1817, et M. Berryer dans sa réponse a adhéré à cette manifestation d'opinion. Les hommes de l'action parlementaire ont donc rendu des services réels, et on ne saurait dire qu'ils aient cessé de croire aux principes de 1815; mais il est vrai que sans les renier, ils n'ont pas fait jusqu'ici de la revendication de ces principes la principale affaire de leur opposition, l'occupation constante de toutes leurs démarches, et qu'ils ont été plus préoccupés de montrer, en se mêlant au mouvement parlementaire, les royalistes traitant les affaires au point de vue national, avec l'intelligence des intérêts du pays et un dévouement complet à ces intérêts, afin d'acquérir du crédit dans le parlement, et d'acquérir par le parlement une action sur les faits.

C'est là le reproche que les royalistes, qui ont adopté pour action la revendication des droits généraux, leur adressent; ils demandent comment, ayant des principes qui sont à la fois un point de départ et un but politique, on n'en appelle pas constamment à ces principes. Les royalistes de la Chambre répondent que ce qui est possible dans la presse n'est pas possible dans la Chambre; qu'ils ont fait tout ce qu'ils pouvaient faire, et qu'il n'y aurait eu aucun bénéfice à parler pour ne pas être écoutés, et à présenter des propositions dont l'heure n'était venue ni pour la Chambre ni pour le pays. De même qu'on leur reproche de s'être trop laissé gouverner par les faits, d'avoir trop cédé aux circonstances et de s'être trop conduits par tactique; ils reprochent à leurs censeurs de s'être trop laissé gouverner par les théories, de ne pas avoir été dans la pratique des choses, d'avoir manqué d'à-propos, de ne pas avoir tenu compte des circonstances, d'avoir tiré le canon hors de portée, et d'avoir fatigué les oreilles de tout le monde par le bruit, sans que les boulets vinssent même effleurer les murailles qu'il s'agissait de renverser.

Nous remplissons ici, on le voit, la tâche de rapporteur; il ne nous appartient pas de nous arroger l'office de juge dans ce grand procès. Est-il d'ailleurs bien utile de juger ce qui aurait pu être fait et de rechercher si les hommes de l'action parlementaire ne se sont pas un peu trop exagéré l'impossibilité où ils étaient de prendre l'initiative dans la Chambre, même à l'époque où les esprits étaient encore infatués du nouveau système et où, enivrés de l'espérance d'exercer le pouvoir qu'ils voyaient à leur portée et avec lequel ils croyaient pouvoir faire de grandes choses, ils étaient peu disposés à écouter tout ce qui était étranger à cet ordre d'idées? Pour notre part, nous croyons ces récriminations peu utiles, et nous sommes confirmés dans notre opinion par l'autorité de publicistes éclairés qui sont partie dans ce débat et qui disaient, à une autre époque, après une discussion qui

n'était pas sans rapport avec celle dont nous nous occupons : « Quant à la question générale, la seule qui inté-
» resse le public, elle doit être traitée sans accusation
» mutuelle, sans récrimination, sans passion; ce n'est
» pas du passé qu'il s'agit, c'est de l'avenir. Ce n'est pas
» à nous-mêmes à faire nos parts, à dire qui a été le plus
» prévoyant et le plus sage : laissons le public porter ce
» jugement. Si des mots blessans, échappés à la polémi-
» que, pouvaient être un obstacle à la marche uniforme
» des royalistes, il nous est d'autant plus facile de de-
» mander qu'ils soient comme non avenus, que jamais
» notre intention n'a été de blesser personne (1). »

IV.

Quel est le moyen naturel de rétablir l'union.

Comme le disait très bien *la Gazette de France*, dès cette époque, la grande question, c'est la question d'avenir, et il importe beaucoup moins de savoir ce qu'aurait dû être l'action royaliste, que de savoir ce qu'elle doit être désormais. Cette question nous semble résolue par les faits que nous avons eu soin de constater. Les hommes de l'action parlementaire, tout en professant les principes communs des royalistes de 1815 et de 1817, et par conséquent, en adoptant complètement le principe de la représentation générale, ont été empêchés jusqu'ici de

(1) *Gazette de France*, 16 décembre 1833. Il s'agissait d'une polémique avec *le Rénovateur*.

consacrer, d'une manière suivie, leur action à la revendication de ce principe, parce qu'il n'y avait aucune chance non seulement de l'obtenir, mais de se faire écouter en le demandant. Ils ajoutent que, dans des Chambres infatuées du système nouveau, et où l'on voulait faire l'épreuve de ce système, il a été nécessaire de se prêter au mouvement des faits et des idées, de saisir les occasions qui s'offraient de réhabiliter les royalistes dans l'opinion, en les montrant les plus habiles et les plus nationaux dans les questions extérieures; les plus économes et les plus ménagers des deniers des contribuables dans les questions de finances, les plus libéraux, en prenant ce mot dans son acception vraie, dans toutes les questions de liberté, et qu'on ne pouvait rien au delà tant que l'épreuve qui devait se faire n'était pas terminée.

Voilà pour le passé; mais maintenant parlons de l'avenir. Nous sommes, on ne saurait le nier, dans une situation nouvelle. L'épreuve qu'il fallait faire est faite. Les esprits qui, pleins de leurs illusions, refusaient d'écouter, sont désenchantés de leurs rêves par les réalités les plus tristes et les plus positives. On ne saurait plus dire que la Chambre entraîne tout par son initiative; de l'aveu de tout le monde, elle n'en a pas; que le pays est tout entier aux espérances que lui donne le nouveau système, et qu'ainsi on trouverait tous les yeux fascinés et toutes les oreilles bouchées, si l'on voulait l'entretenir d'autres idées; après tant d'années d'expérience, le pays a renoncé à ses espoirs, le bandeau est tombé de tous les yeux, et les oreilles sont ouvertes pour quiconque aura des idées nouvelles et applicables à proposer. Quelque chose de plus : si l'on a pu dire que, dans les premiers temps, on était emporté par le mouvement parlementaire, et qu'on trouvait certains avantages à se laisser aller au mouvement et à se mêler à cette activité, on ne saurait aujourd'hui, sans inconvénient et sans danger, se laisser gagner par la torpeur de la Chambre ; la droite doit veiller au sein de la léthargie parlementaire, agir au milieu de l'inaction, vivre parmi les morts.

Les obstacles et les motifs politiques qui ont empêché jusqu'ici les royalistes de l'action parlementaire de faire à la tribune tout ce qu'ils auraient voulu faire, ayant disparu, quel parti reste-t-il à prendre ? La réponse se présente d'elle-même. Puisque la situation qui a dominé la droite parlementaire est changée ; puisque on a vu disparaître les obstacles et les motifs de tactique par lesquels les hommes de l'action parlementaire expliquent l'impossibilité où ils se sont trouvés de consacrer leurs efforts au triomphe du principe de la représentation générale, qui est un des deux principes des royalistes, et le seul qu'on puisse légalement revendiquer, ne doivent-ils pas reprendre leur tâche où ils l'avaient laissée ? Cette revendication des droits de tous qui est, à proprement parler, le seul mode d'action royaliste possible pour tous ceux qui se sont renfermés dans les voies légales, ne devient-elle pas le terrain commun sur lequel toutes les actions royalistes peuvent se rencontrer ? Il ne répugne à aucune des nuances, puisque tous, hommes de l'action parlementaire, hommes de l'action armée, hommes de l'action par la revendication des droits généraux, reconnaissent que la représentation générale des intérêts est un des deux principes des royalistes. Par là même il est le moyen d'union naturel de toutes les nuances, des hommes de l'action parlementaire comme des autres. Cela est si vrai que, nous l'avons vu, c'est celui qu'ils ont adopté tout d'abord, et qu'ils ne l'ont suspendu qu'à cause des obstacles temporaires qui les ont empêchés, en présence d'une situation donnée, de l'employer, sans que jamais ils aient renié leur conviction sur ce point. Les motifs de cette suspension cessant, elle doit en même temps cesser, et l'action parlementaire doit rentrer dans le courant général de l'action royaliste.

V.

Nouvelles observations qui confirment ce qui précède.

C'est ici le moment de présenter, sur la position des royalistes à la Chambre, une observation qui prêtera une nouvelle force aux réflexions précédentes. Il y a deux lignes à la Chambre : la ligne purement parlementaire, et la ligne conduisant au triomphe du gouvernement personnel. Les royalistes peuvent-ils se borner à adopter purement et simplement une de ces deux lignes sans courir le risque de nuire aux idées qu'ils veulent faire prévaloir? Pour se former une opinion sur ces deux questions, il importe de les examiner tour à tour.

Qu'est-ce que suivre purement et simplement la ligne parlementaire? C'est demander que la charte de 1830 soit appliquée dans toute la vérité, c'est s'opposer aux empiètemens du pouvoir exécutif et aux progrès de la liberté, ou, du moins, n'admettre que des progrès insignifians, et, en même temps, alarmans pour l'ordre, comme l'élection au chef-lieu et l'adjonction d'un certain nombre de capacités arbitrairement choisies; alarmans en ce sens qu'ils diminuent les grandes influences propriétaires et agricoles, pour augmenter les influences urbaines, les influences des gens d'affaires; c'est enfin lutter pour assurer la possession définitive du gouvernement aux Chambres, et pour ne laisser au pouvoir que l'administration; c'est maintenir la société sous l'empire de deux principes, l'omnipotence parlementaire et la souveraineté du peuple.

Or, les royalistes de la Chambre, qui, comme tous les royalistes, repoussent la souveraineté du peuple et croient que le gouvernement monarchique est la condition non-seulement de la gloire, mais de l'existence de ce pays, se trouveraient avoir travaillé à empêcher le triomphe de leurs propres idées, s'ils renfermaient leur opposition dans ce programme. Convaincus par l'expérience que le gouvernement parlementaire en France, dans ce pays de monarchie représentative, n'est pas un gouvernement, qu'il énerve le pouvoir, qu'il lui ôte toute conséquence et toute suite, toute unité et toute vigueur, qu'il livre les intérêts publics au flux et au reflux des passions et aux combinaisons de l'égoïsme et de la corruption, ils travailleraient à éterniser le gouvernement parlementaire. Convaincus qu'en France, le gouvernement monarchique, c'est-à-dire le gouvernement exercé par une royauté entourée d'institutions représentatives, peut seul assurer cette cohésion et cette suite dans les entreprises, cette puissance d'impulsion, cette unité dans la direction sans laquelle les intérêts de la France périclitent, ils feraient tout au monde pour empêcher le gouvernement de devenir monarchique. Convaincus, comme le disait M. de Corbière en 1817, que, « lorsque la défense des intérêts consiste dans une représentation, tous les intérêts doivent être représentés; » que tous ceux qui paient l'impôt doivent participer dans une juste mesure à la nomination de ceux qui le votent, ils prendaient parti pour un privilége de fortune contre les intérêts généraux et les lois éternelles de l'équité, qui veulent que les droits se trouvent toujours à côté des devoirs.

Les royalistes de la Chambre peuvent-ils davantage adopter la ligne qui conduit au gouvernement personnel? Le bon sens et l'honneur répondent qu'une telle action ne pourrait convenir aux royalistes de la Chambre, parce qu'elle ne serait ni consciencieuse ni morale. Elle ne serait pas consciencieuse, parce que, dans leur opinion, le gouvernement qui convient à la France est le gouvernement monarchique, et qu'il y a une différence profonde entre le gouvernement monarchique entouré d'institutions représentatives et appuyé sur les libertés générales, tels qu'ils le conçoivent, et le gouvernement arbitraire tel que les doctrinaires essaient de l'établir sur les ruines d'un privilége électoral vicié par la corruption et en dehors de toutes les garanties. Elle ne serait pas morale; car, pour établir subrepticement le gouvernement personnel sous le régime parlementaire, il faut faire violence à l'ordre logique. De là, la nécessité d'employer le sophisme, la ruse et la violence, d'agir tour à tour par des promesses où par des menaces, de corrompre ou d'intimider. C'est, en outre, une entreprise contraire à la dignité comme aux intérêts de la France, que de vouloir créer un gouvernement armé d'une puissance sans garanties. Il y aurait là comme une résurrection de l'ancien régime, moins les états de provinces, moins les parlemens, moins les mœurs et les traditions du passé, qui opposaient du moins quelque résistance aux abus et quelques empêchemens à l'arbitraire ministériel; et ce serait mal connaître ou mal servir les intérêts de cette nation, que de vouloir la replacer dans une situation du sein de laquelle la première révolution est sortie. Enfin, il ne faut pas confondre un pouvoir violent avec un pouvoir fort; et si, dans l'opinion des royalistes, la France a besoin d'un pouvoir fort, c'est une raison de plus pour eux de ne pas contribuer à imposer à cette société un pouvoir violent, car la violence appelle la violence, et, quand on tend le ressort de l'autorité jusqu'à le briser, on provoque des réactions dangereuses. Loin donc de travailler au rétablissement de l'ordre moral et matériel dans cette société, en concourant à l'action doctrinaire, les royalistes de la Chambre se trouveraient travailler à la perturbation morale et matérielle du pays; ils seraient deux fois coupables devant les lois éternelles de la morale, d'abord pour avoir livré les libertés de la France, ensuite pour avoir compromis son repos dans l'avenir.

Puisque les royalistes de la Chambre ne peuvent, sans imprudence et sans dangers pour leurs idées, adopter la ligne purement parlementaire, puisqu'ils peuvent encore moins suivre la ligne qui conduit à l'établissement du gouvernement personnel, quel parti leur reste-t-il donc à prendre ?

Il leur faut chercher dans la loi actuelle un principe qui puisse conduire, sans catastrophe, aux conditions qui rendront au pouvoir de la force, aux libertés politiques, ce caractère de généralité qui est leur plus bel attribut, à la France la prospérité et l'ordre au dedans, la grandeur et l'influence au dehors. Il y a, dans le gouvernement parlementaire, un principe excellent et qui peut être approprié à tous ces objets, c'est le principe de la perfectibilité. L'omnipotence parlementaire comporte la perfectibilité politique. Le parlement peut modifier les institutions dans le sens de l'amélioration et du progrès. Ce n'est donc pas sans une haute raison que les royalistes de la Chambre ont défendu ce principe de la perfectibilité parlementaire contre les empiètemens du gouvernement personnel. Ils ont pu le faire consciencieusement, puisque, dans leur âme et conscience, ils croient que, dans les conditions présentes, le pouvoir manque de la force dont il a besoin, la liberté de la généralité, sans laquelle elle est un privilége; puisque le gouvernement personnel ne peut créer qu'un pouvoir violent, qui serait en dehors de tous les principes, et que pour établir ce pouvoir, il faudrait qu'il détruisît jusqu'à l'ombre de la liberté, et par conséquent qu'il provoquât des réactions terribles, tandis que l'omnipotence parlementaire peut au contraire, en se servant du principe de perfectibilité qu'elle porte en elle, ouvrir pacifiquement la porte à toutes les améliorations, quant au pouvoir et quant à la liberté. Ils l'ont pu légalement, puisque, sous le régime où nous vivons, l'omnipotence parlementaire, c'est la loi même. Mais ce n'est là que la première partie et pour ainsi dire la préface de l'action royaliste à la Chambre. On a vu qu'elle ne pouvait pas se borner à être purement et simplement parlementaire; or elle tomberait dans ce tort et dans cette faute en se contentant de maintenir le principe de l'omnipotence parlementaire; si les hommes de la droite le maintiennent, c'est pour s'en servir. Mais pour s'en servir, il faut trouver des majorités qui ne soient point dominées par un égoïsme de classe et entachées de tous les vices du privilége et de l'arbitraire : en d'autres termes, il importe que les royalistes de la Chambre arrivent à faire appliquer le principe de perfectibilité, par l'omnipotence de majorités assez dévouées aux pays pour faire sortir la liberté et le pouvoir desconditions mauvaises dans lesquelles ils sont placés. Or, pour cela, il est de la dernière importance que ces majorités, au lieu d'être l'expression légale d'une portion du pays, soient l'expression réelle et sincère du pays tout entier.

VI.

Les Royalistes de toutes les actions logiquement amenés à travailler au triomphe de la réforme électorale.

C'est ainsi que les hommes de la droite se trouvent naturellement conduits à revendiquer, dans le parlement comme hors du parlement, le changement de la loi d'élection. Qu'on y réfléchisse, la première condition de la réforme de tous les abus qu'on signale dans la législation, c'est la réforme de l'instrument législatif lui-même. Tant qu'il est vicié par le privilége de l'aristocratie de la médiocrité, comme l'appelait M. de Brézé, par un intérêt de classe, par un égoïsme de parti, c'est en vain qu'on lui demanderait la réforme du monopole de l'enseignement, de la centralisation excessive qui pèse sur la France, des lois de septembre, des budgets de 1,500 millions et des déficits de 600 millions (1), de la politique de corruption et d'intimidation au dedans, de la politique de concession, d'abaissement et d'annihilation au dehors. Pour purifier les eaux, il faut purifier la source. Protester contre les effets, ce n'est là qu'une démonstration qui peut être moralement utile sans doute, mais qui n'opère aucun changement effectif ; l'action consiste à combattre les ef-

(1) Voir le dernier rapport de M. le marquis d'Audiffret à la Chambre des Pairs.

fets dans leur cause, car tant que la cause du mal subsiste, le mal subsiste aussi. Quand on demande la réforme électorale, ce n'est donc point par un attachement théorique pour une utopie, par un amour spéculatif pour un système ; c'est parce que la réforme électorale est le moyen et la condition de toutes les réformes; c'est parce qu'il n'y aura de réforme du monopole de l'enseignement, des prodigalités financières, de la centralisation poussée jusqu'à sa dernière limite, des lois de septembre, de la politique modeste et tranquille, de tou te sles fautes et de tous les abus enfin, que lorsque la loi électorale sera réformée.

Les royalistes de la Chambre sont donc logiquement amenés à demander à l'omnipotence parlementaire d'élargir sa base, d'acquérir une plus grande force morale, une influence politique plus irrésistible, et en même temps de concentrer dans son sein toutes les lumières du pays. Les royalistes de la Chambre peuvent consciencieusement exercer leur action dans ce sens, car, profondément convaincus que la France est un pays de monarchie et d'institutions représentatives, ils doivent penser qu'en mettant la France à même de régler elle-même ses destinées dans une assemblée qui la représente réellement, elle les règlera suivant ses intérêts. Cette action est parfaitement légale, puisque c'est à la loi même qu'elle demande le perfectionnement de la loi, et que ce perfectionnement découle du principe qui domine l'ordre de choses établi. Cette action est parfaitement morale, car elle ne viole aucun droit, ne lèse aucun intérêt, ne provoque aucune crise; tout au contraire, elle tend à satisfaire un principe d'équité et de justice éternelle, en faisant cesser en France les divisions et les catégories injurieuses, en remplaçant l'exception par la règle, le monopole par le droit, le privilége par la reconnaissance des droits de tous; elle prévient tous les troubles, rend les conflits impossibles, en créant une autorité morale au dessus de toutes les résistances particulières, celle d'une assemblée qui porte dans sa tête toutes les lumières, dans son cœur tous les nobles sentimens, dans ses mains tous les pouvoirs de la France.

Des considérations de toutes natures semblent concourir, avec ce qui précède, à démontrer que toutes les actions royalistes doivent converger vers le changement de la loi d'élection, en d'autres termes vers la réforme d'une loi électorale actuellement jugée par les majorités qu'elle a produites, les ministères que ces majorités ont enfantés, le système que ces ministères ont suivi. Ce qui est évidemment le fléau de la France sous le régime actuel, c'est l'esprit de parti, l'esprit de classe, l'égoïsme personnel; c'est pour cela que le remède doit se trouver dans un appel aux intérêts généraux, à l'esprit social et national. En outre, on ne peut se dissimuler que la loi électorale de 1831 est une loi d'exclusion contre les royalistes, qu'elle a été instituée dans l'intention de leur rendre à peu près inaccessible l'abord de la Chambre. Ainsi l'intérêt royaliste concourt, avec l'intérêt national, à conseiller à tous les hommes qui professent nos principes, de poursuivre, chacun au moyen de l'action qu'il a embrassée, la réforme de la loi électorale. Nous trouvons là un autre avantage considérable, c'est qu'en produisant un des deux principes que nous regardons tous comme fondamentaux dans cette société, nous donnons en même temps une garantie de nature à engager tous les esprits qui ont conservé quelques unes des défiances et des préjugés qui ont permis au mouvement de 1830 de se généraliser, à renoncer à ces préjugés et à ces préventions. Il y a, on ne saurait en douter, deux grands empêchemens au retour des esprits vers les hommes de la droite; ce sont le souvenir des abus de l'ancien régime et des priviléges de classes, et le souvenir plus récent du droit revendiqué, pour le roi Louis XVIII, d'octroyer les libertés nationales. On craint toujours qu'il n'y ait, chez les hommes de notre opinion, une tendance à reconstituer, non pas il est vrai l'ancien régime tout entier, c'est une folie dont on ne saurait soupçonner personne, mais tout ce qu'il y a encore de possible dans les débris de l'ancien régime. On redoute en outre qu'en maintenant en principe que les droits des Français sont le résultat d'un octroi royal, les royalistes soient toujours invinciblement ramenés à prétendre, en cas de conflit, que la royauté peut modifier ou même retirer les libertés qu'elle a concédées. Il importe donc que l'action royaliste soit dirigée de manière à faire disparaître ces deux obstacles, c'est à dire à effacer cette double crainte. Or, quoi de plus propre à atteindre ce but que d'adopter, pour terrain commun, la revendication du droit appartenant à tous les Français de concourir à la nomination des députés qui sont périodiquement rassemblés pour discuter les lois et voter l'impôt, et de déclarer, comme la noblesse de l'Agénois dans ses cahiers en 1789, que les royalistes regardent ce droit comme existant par lui-même et comme incontestable et imprescriptible ?

CHAPITRE II.

DES PRINCIPALES OBJECTIONS ÉLEVÉES CONTRE LA RÉFORME ÉLECTORALE.

I.

Quelles sont ces objections ?

Trois objections principales sont présentées contre cette ligne de conduite ; nous les examinerons dans leur ordre.

La première, souvent reproduite, consiste à dire que tous les efforts qu'on tentera pour obtenir la réforme, n'aboutiront à rien, attendu qu'il faudrait que le monopole se détruisît lui-même, et qu'il y a quelque simplicité à espérer du privilége électoral et parlementaire un pareil suicide;

La seconde est faite par les hommes qui craignent de voir la revendication de la réforme électorale devenir, en l'absence d'un autre principe, un nouveau danger d'anarchie pour cette société déjà si profondément troublée depuis la révolution de 1830;

La troisième est tirée d'un motif de tactique parlementaire; elle est présentée par ceux qui demandent si tout le plan de conduite des hommes de la droite ne doit pas être changé, depuis que l'événement du 15 juillet 1842 a profondément modifié à leur égard les dispositions des hommes des centres, et s'il ne convient pas de se tourner vers ceux-ci et de leur donner les garanties d'ordre qu'ils préfèrent de beaucoup aux garanties de liberté.

II.

Est-il impossible d'obtenir d'une assemblée de monopole la réforme électorale?

La première de ces objections a, en apparence, une grande force. Comment, en effet, admettre, au premier abord, que des hommes qui sont, en même temps, juges et partie, prononceront contre eux-mêmes? Une Chambre réformée ne serait-elle pas un peu nécessaire pour établir la réforme? N'est-ce pas s'enfermer dans un cercle vicieux, que de venir proposer aux élus du privilége électoral l'abolition du privilége? On voit que nous ne dissimulons en rien la gravité de l'objection; mais, quelque grave qu'elle soit, elle tombe devant l'étude attentive des précédens et un examen approfondi de la question en elle-même.

Qu'avons-nous vu en 89, en effet? Le parlement s'était complètement substitué aux Etats-Généraux depuis plus d'un siècle et demi. Il en exerçait en partie les prérogatives, et il semblait avoir un intérêt incontestable à prolonger la suspension de ces grandes assemblées, pour conserver le pouvoir politique qu'il cumulait avec le pouvoir judiciaire. Eh bien! ce fut cependant le premier président du parlement de Paris qui, dans le lit de justice qui suivit l'assemblée des notables, déclara hautement au nom de sa compagnie : « que le principe constitutionnel de la » monarchie française est que les impositions seront » consenties par ceux qui doivent les supporter, » déclaration qui rendit la convocation des Etats-Généraux inévitable.

Il n'est pas même nécessaire de remonter si haut dans notre histoire, pour trouver un fait de cette nature. N'avons-nous pas vu, à la suite de la révolution de 1830, la Chambre des Pairs amenée à voter elle-même la suppression de son hérédité, et les membres de cette Chambre se priver eux-mêmes, ainsi que leurs familles, d'une prérogative précieuse, d'un avantage justement envié ?

Que si maintenant nous tournons nos regards vers un royaume voisin, nous y rencontrerons des exemples analogues et peut-être plus frappans encore. En Angleterre, ne fut-ce pas d'un parlement protestant que sortit l'acte mémorable de l'émancipation catholique ? Ne vit-on pas un ministère tory, c'est à dire un ministère formé d'hommes qui, par leur opinion, étaient, plus que tous les autres, opposés au catholicisme en Angleterre, qui, dans le passé, l'avaient le plus cruellement opprimé et persécuté; qui, par système, soutenaient, plus énergiquement que tous les autres partis, l'existence de l'Eglise établie comme la base de la société anglaise ; ne vit-on pas un ministère placé dans ces conditions anti-catholiques, qu'on nous passe ce terme, proposer à une majorité tory, c'est à dire à une majorité placée dans les mêmes conditions, d'émanciper les catholiques des trois royaumes ?

Pour citer un second exemple, qui a des rapports encore plus étroits avec le sujet que nous traitons, lorsque, peu d'années après ce grand événement, la réforme électorale fut votée en Angleterre, est-ce que, par hasard, elle fut votée par un parlement réformé ? Non, ce fut un parlement à la nomination duquel les bourgs pourris avaient concouru, qui discuta et vota la réforme. Ce fut le privilége qui se prononça contre le privilége, ce fut le monopole qui entama le monopole, et cela, peu d'années après le jour où le duc de Wellington avait dit que la constitution anglaise était si belle, dans toutes ses parties, que ce serait un sacrilége d'y toucher.

Au moment où nous parlons, nous avons sous les yeux un grand enseignement en Irlande. Certes, les adversaires mêmes de M. Daniel O'Connell ne l'accusent de manquer ni d'habileté, ni de génie, et ils avouent au contraire qu'il développe, dans la conduite des affaires de sa nation, un mélange de hardiesse et de prudence admirable, et une fécondité de ressources qui le placent au premier rang des bons politiques. Or, quelle est l'action qu'exerce en ce moment M. O'Connell, et à quel but prétend arriver cet esprit si sagement aventureux et si avisé ? Il entreprend quelque chose de bien plus difficile que tout ce dont nous avons parlé jusqu'ici, il entreprend de faire accorder un parlement séparé à l'Irlande. Par qui ? Par le parlement d'Angleterre. Sans se laisser effrayer par les impossibilités qu'on allègue, par les obstacles réels qu'il rencontre, il marche imperturbablement à son but. Il discipline l'Irlande, il la rallie tout entière au drapeau du *Rappel de l'union* ; il reçoit des cotisations, met en avant le clergé, voyage de ville en ville en prêchant cette croisade irlandaise ; en un mot il n'omet rien de ce qui peut contribuer à donner à cette question l'importance d'une question nationale, de ce qui peut la faire passer dans les faits de manière à lui imprimer le caractère d'une situation; et, sans s'occuper en aucune façon des protestations qui retentissent dans le parlement anglais, il annonce avec confiance que le *Rappel de l'union* sera proclamé et que l'Irlande aura son parlement.

Comment concilier ces faits avec l'impossibilité apparente qui semble s'opposer, lorsqu'on considère la question au point de vue théorique, à ce qu'on obtienne d'une assemblée ou d'un individu une décision en désaccord avec ses intérêts? Cette difficulté n'existe que parce qu'on se fait une idée exagérée de la puissance individuelle ou collective des hommes. On a beau parler de l'omnipotence parlementaire, il n'y a pas d'omnipotence dans ce monde, car les assemblées politiques, comme les individus, ne créent pas les situations, elles les constatent; ce sont les aiguilles de l'horloge qui marquent l'heure de chaque phase sociale, mais les ressorts sont ailleurs et le mouvement des ressorts fait mouvoir les aiguilles. Le gouvernement n'est pas l'art de faire plier la force des choses sous une volonté arbitraire, mais de donner à la force des choses un cours pacifique et régulier, de manière à éviter les chocs et les déchiremens; et quand il se manifeste, dans la société, un de ces mouvemens généraux qui, descendant jusque dans les profondeurs sociales, réunissent la double puissance et la force composée des intérêts et des idées, les pouvoirs, quelqu'égoïstes qu'ils soient, quelqu'opiniâtres qu'ils soient, sont obligés de les suivre, de même qu'on voit dans la mer les grands courans emporter à leur surface les vagues qui, tout en conservant leur mouvement particulier, sont contraintes de céder à cette force irrésistible qui les entraîne vers un but inconnu. C'est ainsi que les pouvoirs arbitraires ou entachés de priviléges, se trouvent contraints de proclamer les libertés générales et les droits de tous, et que les parlemens protestans déclarent l'émancipation catholique. Quand on aura convaincu tous les esprits de la nécessité de réformer la loi électorale et de substituer, au privilége de quelques-uns, l'action régulière de la société intervenant dans ses affaires avec la hiérarchie de ses influences; quand on aura fait entrer les esprits et les intérêts dans ce mouvement, il ne faudra pas s'inquiéter des pouvoirs, ils suivront d'eux-mêmes. Quand le sol marche, tout marche avec lui.

D'ailleurs, s'il y avait besoin d'une force coërcitive, MM. Barthe, Dupin, Persil, Mérilhou, Isambert, Bernard (de Rennes), c'est à dire toutes les lumières judiciaires de l'ordre de choses actuel, ont pris soin d'établir en 1830 dans quel cas une société peut légalement refuser l'impôt, et il n'y a pas de dictature au monde qui, devant une pareille manifestation, ne soit obligée de rendre bientôt son épée.

III.

La Réforme électorale est-elle un danger pour l'ordre ?

Pour admettre que la réforme de la loi électorale so- un acte révolutionnaire et une mesure menaçante pour la tranquillité publique, il faudrait à la fois méconnaître la situation dans laquelle la France se trouve placée, et oublier tout ce que nous avons eu occasion de dire précédemment sur les principes adoptés par les royalistes en matière de réforme électorale.

Qu'on veuille bien y réfléchir, en effet : il ne s'agit pas

ici de prendre une mesure facultative pour faire avancer, sur la route du progrès, une société bien réglée et tranquille; il s'agit de prévenir, par une mesure nécessaire, la crise dangereuse qui menace une société en état de révolution. Ces troubles dont on veut nous faire peur, cette perturbation, ces déchiremens dont on essaye de rattacher la perspective à l'idée de la réforme de la loi d'élections, ils sont tout au contraire le résultat naturel et logique de la situation que cette loi d'élection a créée, situation dont la réforme est le remède. Ne nous y trompons pas, nous sommes dans une situation profondément révolutionnaire, non pas révolutionnaire à la manière de 93, il est vrai ; non, car les mêmes événemens ne se reproduisent pas deux fois en un siècle, et les formes dont l'histoire s'est une fois servie sont brisées; mais si les formes changent, le fond des choses reste le même, quand les mêmes principes dominent. Pour qu'une situation soit révolutionnaire, il n'est pas absolument nécessaire que le triangle des supplices et la planche des assignats soient en permanence, que la France soit en guerre avec le monde, que le maximum ruine le commerce, que des canons braqués dans les rues empêchent les citoyens de se réunir et de se concerter. La révolution peut arriver presqu'aux mêmes résultats par des routes différentes. Quand un budget de quinze cents millions, redoutable pompe aspirante qui va chercher partout les dernières ressources des contribuables, régularise l'épuisement du pays et suce jusqu'à la moelle la propriété obligée déjà, dans nos provinces méridionales, de payer l'impôt en nature; quand tous les marchés étrangers se ferment à nos produits commerciaux mal défendus par une politique sans énergie ; quand on voit s'élever autour de Paris prisonnier des fortifications immenses, gigantesque piedestal qui peut porter la statue d'une terreur d'un nouveau genre, effrayante tentation pour le despotisme d'en haut et pour le despotisme d'en bas, qui, l'exemple de Barcelone l'a prouvé, voient là un instrument de tyrannie ; quand des lois de rigueur interdisent l'association, le premier de tous les droits des hommes en société, et qu'on dissout militairement jusqu'aux réunions des commettans rassemblés pour écouter le compte-rendu de leurs Députés ; quand les ministres avouent publiquement que la France n'a pas d'alliés en Europe, et que sa politique doit être modeste et tranquille, qu'ils ne songent qu'à éteindre toutes les questions extérieures en les abandonnant, et que néanmoins on ne cesse pas depuis treize ans d'avoir une armée sur le pied de guerre ou sur le grand pied de paix, il est impossible de ne pas reconnaître, à ces signes certains, qu'on est en état de révolution. Ajoutons aussi qu'il est impossible de ne pas prévoir que, le progrès naturel de cette situation menant, pour les finances, à la banqueroute, pour le gouvernement intérieur au despotisme militaire ou au despotisme de la rue produit pas une réaction et intronisé sur les bastilles, pour l'extérieur non seulement à l'amoindrissement mais à l'anéantissement de la puissance de la France, il est indiqué que l'on marche à une catastrophe financière, politique et nationale, si on ne réussit pas à arrêter le mouvement qui emporte la société sur une pente funeste.

La catastrophe au nom de laquelle on s'élève contre la réforme, elle doit donc sortir du progrès naturel et normal de la situation. L'immobilité ne la prévient pas, elle la rend inévitable. Ce repos qu'on craint de troubler, c'est la gangrène après laquelle vient la mort.

Quant à dire que le remède est encore pire que e mal, c'est oublier, comme nous l'avons fait observer au commencement de ce travail, que les hommes de la droite qui revendiquent la réforme en ce moment, ne demandent rien que la majorité royaliste de 1815 et la minorité royaliste de 1817 n'aient demandé sous la restauration, pendant laquelle on ne pouvait certainement pas soupçonner les royalistes de vouloir provoquer des bouleversemens politiques. La réforme qu'on réclame, c'est la réforme monarchique, celle de MM. de Châteaubriand, de Villèle, de Bonald, de Corbière, Mathieu de Montmorency; et l'on avouera qu'il faut avoir l'esprit singulièrement ouvert à la peur, pour craindre qu'une mesure revendiquée par tous les représentans de la propriété foncière en 1815 et en 1817, devienne un danger pour l'ordre public, la propriété et la sécurité de l'Etat; d'autant plus que les royalistes s'expriment au sujet de la réforme électorale et de toutes les réformes qui doivent en être le résultat, de manière à rassurer tous les amis de l'ordre. S'ils déclarent qu'ils pensent, avec les hommes de liberté, que le monopole électoral actuel, dont treize ans d'expérience ont démontré les déceptions et les vices, est contraire au principe fondamental de la représentation sincère et complète des intérêts, ils ajoutent qu'ils pensent, avec les hommes d'ordre, que l'on ne saurait substituer le suffrage direct au monopole, mais qu'il faut, par le vote à plusieurs degrés qui offre tant de sécurité à la société dont il reflète l'organisation, descendre à travers la hiérarchie des intérêts, jusque dans la commune, pour y aller chercher, comme le disait M. de Bonald, la première unité politique. Si les royalistes déclarent encore, avec les hommes de liberté, que cette réforme de la loi électorale, combinée de manière à satisfaire tous les intérêts d'ordre, doit conduire à la réforme de plusieurs abus graves qui existent dans la société, et qu'ainsi la centralisation exagérée des affaires locales, le monopole de l'enseignement universitaire dirigé contre la liberté des pères de famille, et d'autres institutions encore, doivent être rectifiées, ils déclarent, avec les hommes d'ordre. que, s'il est bon d'élargir le cercle des libertés provinciales et municipales, de raviver l'esprit de famille et de localité, en corrigeant la centralisation dans ce qu'elle a d'excessif et de tracassier, il importe de maintenir l'unité de direction et la puissance de cette impulsion commune qui est la force des sociétés modernes; de même que les royalistes pensent encore avec les hommes d'ordre que la réforme du monopole universitaire et le principe de la liberté de l'enseignement, doivent être dégagés de toutes les idées de licence, que l'État doit avoir des écoles, et qu'il a le droit de surveillance, sans avoir le droit de gêner le juste développement de la liberté de l'enseignement dans les écoles fondées par de simples particuliers. Les royalistes, en un mot, déclarent qu'il ne faut jamais donner satisfaction à un intérêt de liberté au détriment d'un intérêt d'ordre, de même qu'il ne faut pas donner satisfaction à un intérêt d'ordre au détriment d'un intérêt de liberté.

Objectera-t-on que les circonstances dans lesquelles on se trouvait en 1815 et en 1817, sont changées et qu'il s'agit maintenant de faire prévaloir ces principes sous l'empire d'une situation tout-à-fait différente de celle en présence de laquelle se trouvaient les royalistes, au commencement de la restauration? Certes personne ne saurait nier la différence des situations, et il n'est pas douteux que si les hommes de la droite pouvaient choisir, il n'y aurait pas à hésiter sur le choix. Mais ce n'est pas entre la situation de 1815 ou 1817 et la situation de 1843 que les royalistes ont à choisir, c'est entre deux systèmes d'élections. Ce qu'il importe donc de savoir, ce n'est pas si leur tâche eût été plus facile à remplir dans des circonstances meilleures, mais si, sous l'empire de toutes les circonstances et de toutes les situations, il n'y a pas plus de sécurité pour l'ordre en même temps que plus d'avantages pour la liberté, dans une loi qui, fondée sur le vote hiérarchique, consacre et permet l'action de toutes les influences légitimes, précisément parce qu'elle admet à participer à l'élection, dans leur ordre, toutes les familles de droit, que dans une loi qui, comme le disait M. de Corbière, excluant de fait la grande propriété et de droit la petite, met le privilége électoral dans les mains d'une classe d'électeurs triés sur le volet pour exclure les principes et les hommes de la droite?

Cette question, présentée dans ses véritables termes, ne saurait être douteuse, et personne ne s'y est trompé. Ce n'est pas sous l'empire du principe de la légitimité royale que M. Berryer a demandé, en 1831, la convocation des assemblées primaires et la nomination des électeurs du second degré par les électeurs du premier. C'est également sous l'empire du principe révolutionnaire que M. le marquis de Brézé, dont la haute prudence n'est contestée par personne, a revendiqué, en toute occasion, comme principes d'une réforme électorale nécessaire, le vote hiérarchique de tous avec plusieurs degrés d'élection.

Et que disait ce noble royaliste pour motiver son opinion? Il disait : « Il y a justice et politique dans la » mesure que je propose; justice, parce que tout homme » appelé à contribuer en proportion de sa fortune, aux

» charges politiques, doit être aussi appelé à contribuer » à la nomination des députés qui règlent ces charges ; » politique, parce que la raison et l'expérience montrent » qu'il faut étendre la base sur laquelle l'édifice social » est fondé. Plus cette base sera large, moins les factions » trouveront à se recruter. J'ai la conviction que la chute » du gouvernement que j'aimais a été causée en partie » par une loi électorale qui monopolisait les droits poli- » tiques dans une classe de Français. S'il y avait des as- » semblées primaires, comme en 1791, et que le peuple » nommât les électeurs, puis ceux-ci les députés, les co- » mités centraux auraient moins de prise sur les masses, » elles seraient beaucoup plus livrées à l'influence de » leurs vrais besoins, de leurs vrais intérêts (1). »

Huit ans plus tard (2), M. de Brézé, confirmant ses premières paroles par des paroles plus expressives encore, et justifiant ses prévisions sur le monopole électoral par l'arrêt de l'expérience, disait à la Chambre des Pairs : « La loi électorale actuelle a constitué une nouvelle aris- » tocratie, l'aristocratie de la médiocrité; une sage ré- » forme électorale, bâtie sur plusieurs degrés d'élection, » placée sous la légitime influence de toutes les supério- » rités sociales, qui donnerait à tous les contribuables le » libre exercice de leurs droits, pourrait seule nous tirer » du chaos où nous nous trouvons. Le seul moyen de » dominer tous les partis, ce serait d'en appeler de la re- » présentation légale à la représentation réelle. »

L'année suivante enfin, dans une discussion qui s'éleva au sujet d'une pétition sur la réforme électorale, M. de

(1) Discussion de la loi d'élection. Séance de la Chambre des Pairs du 30 mars 1831.

(2) Séance du 13 juin 1839.

Dreux-Brézé, jetant de nouvelles lumières sur cette grande question, prononçait ces paroles décisives : « C'est dans
» l'intérêt de l'ordre que je crois devoir appeler votre at-
» tention sur la question de la réforme électorale. Un
» fait me frappe, c'est l'effrayante minorité par laquelle
» se trouve représentée, dans la Chambre des Députés, la
» grande propriété, la propriété territoriale qui tient à
» une opinion puissante dans le pays par les lumières,
» par la fortune, par les traditions historiques. La cause
» qui réduit cette opinion à cette imperceptible minorité
» est dans la loi même qui a constitué le corps électoral.
» Ce que je demande, c'est que la grande, la moyenne et
» la petite propriété soient admises à concourir à la no-
» mination des députés, dans la proportion où chacune
» d'elles existe réellement dans le pays ; c'est que la loi
» d'élection soit plus populaire et plus monarchique. »

Vous le voyez, M. de Brézé à la Chambre des Pairs, comme M. Berryer à la Chambre des Députés, ont présenté la réforme électorale comme la seule issue qui permît de sortir, non pas seulement avant, mais depuis 1830, des périls qui menacent la tranquillité comme la prospérité et la grandeur de la France. Cette question leur a paru être, non pas la question de la veille, mais la question de la journée. Ils n'ont pas craint la réforme électorale à deux degrés, même sous l'empire des principes proclamés en juillet. C'est que, comme tous les esprits clairvoyans, ils ont senti qu'une loi qui maintenait dans l'élection la hiérarchie des intérêts, qui reflétait l'organisation sociale au lieu de la briser, comme les lois fondées sur un cens arbitraire, qui faisait intervenir le corps tout entier, mais avec chaque membre à sa place, comme l'a dit éloquemment M. de Lamartine dans un des passages les plus justes et les plus beaux de son discours de Mâcon;

c'est qu'ils ont senti qu'une pareille loi devait être une loi de liberté sans pouvoir jamais devenir une loi révolutionnaire, parce que jamais le bouleversement d'une société ne peut sortir d'une loi de classement social.

Nous ne connaissons rien de plus propre à justifier cette manière de voir, que les considérans que M. Bérenger, rapporteur de la loi de 1831, faisait valoir contre l'adoption du vote général avec les deux degrés. En lisant l'énumération des motifs que les hommes de l'ordre de choses actuel allèguent pour repousser ce système électoral, on demeurera convaincu que les hommes de l'ordre comme les hommes de liberté peuvent et doivent l'adopter. Nous citerons les paroles textuelles de M. Bérenger, discutant les avantages et les inconvéniens de l'élection à deux degrés, et c'est ainsi que nous achèverons de réfuter l'objection de ceux qui craignent que la réforme électorale soit un pas fait vers l'anarchie.

« Quelle force une Chambre ne recevrait-elle pas, di-
» sait-il, d'une élection à laquelle la presque universali-
» té des citoyens aurait participé ? Quelles profondes ra-
» cines cette élection ne lui donnerait-elle pas dans le
» pays? La participation de presque tous les citoyens à
» l'élection, en les appelant à s'occuper incessamment
» de leur intérêts, fortifie d'ailleurs leur attachement à
» la chose publique ; elle entretient leur patriotisme; elle
» lie entre elles les diverses classes de la société ; elle les
» rapproche et leur fait une nécessité de ces égards mu-
» tuels toujours si favorables au maintien de l'ordre et
» de la paix (1). Avec l'élection à deux degrés, on évite
» la permanence des colléges électoraux, qui est néces-

(1) On remarquera que ce sont les mêmes considérations que M. de Corbière développait en 1817.

» saire dans l'élection directe afin de prévenir les frau-
» des, mais qui, avec le temps, peut avoir ses dangers,
» c'est à dire favoriser des coalitions dans le but de pro-
» téger ou de défendre certains intérêts qui seraient con-
» traires aux intérêts généraux. Cette permanence de
» colléges offre aussi l'inconvénient de mettre le député
» dans une dépendance trop grande de ceux qui l'ont
» élu, car pourra-t-il oublier qu'à l'expiration de son
» mandat, les mêmes hommes seront appelés à l'élire
» de nouveau ? Cette pensée ne le préoccupera-t-elle pas
» assez pour lui inspirer le désir de ménager leur suscep-
» tibilité, de les favoriser exclusivement dans le partage
» des emplois, pour la distribution desquels il peut avoir
» quelqu'influence, de telle sorte que, par une récipro-
» rité de bons offices, il soit conduit à leur sacrifier jus-
» qu'à ses propres devoirs.

» Tous ces inconvéniens disparaissent avec l'élection
» à deux degrés : ici point de permanence ou, pour
» mieux dire, point de corps électoral ; les électeurs
» nommés par les citoyens se réunissent en une assem-
» blée qui n'a plus d'existence ou qui plutôt s'évanouit
» dès que l'élection est terminée ; ceux qui en ont fait
» partie ne sont pas assurés d'entrer dans l'assemblée
» qui suivra ; toute coalition devient donc impossible ;
» tous suffrages préparés d'avance le deviennent donc
» également ; le député élu n'a plus d'autre intérêt que
» celui de remplir honorablement son mandat ; il sent
» que pour lui le meilleur moyen de témoigner sa recon-
» naissance à ceux qui l'ont nommé, c'est de se livrer
» tout entier aux soins qu'exigent les affaires générales
» du pays, et, comme il ignore quels seront ceux qui
» pourront être appelés à le nommer de nouveau, il ne
» trouve dans l'avenir aucun motif personnel de se mé-

» nager une clientèle et de favoriser des ambitions pri-
» vées.

» Maintenant voici les inconvéniens. Ce système trou» ve une opposition très vive dans l'opposition constitu» tionnelle; il trouve faveur dans les partisans du gouver» nement absolu.

» Le corps social se compose d'une réunion d'intérêts » qui tous, et sans exception d'un seul, concourent à le » former. Chaque citoyen en fait partie, non pas au » moyen de certaines conditions, mais en vertu d'un » droit qui lui appartient, que nul ne peut lui contester, » et dont il ne peut être légitimement privé que lors» qu'il viole les droits des autres membres de la commu» nauté. Ce droit, il ne le possède qu'à charge de l'exer» cer lui-même ; il ne peut le transmettre ni le commu» niquer ; car s'il le communiquait, il aliénerait une » propriété qu'il n'a reçue de la nature que pour en user » dans des limites très étroites, c'est à dire qu'il aliéne» rait sa volonté, son indépendance, sa liberté, tout ce » qui relève la dignité de l'homme et marque sa noble » place au milieu des êtres de la création.

» Si, de ces principes on passe à l'application, on re» connait aussitôt les difficultés de détails qui viennent » ajouter toute leur gravité à la violation du droit et » constater par des faits tout ce qu'il y a de grave dans » cette violation.

» Ce n'est pas le citoyen qui délègue à un autre le » droit de choisir son mandataire, ce sont les partis, » les factions, et peut-être le gouvernement qui se char» gent pour lui de faire cette délégation.

» Si encore il n'avait à transmettre ce droit qui lui » est personnel qu'à un seul individu, il pourrait à la » rigueur trouver un autre lui-même qui sympathiserait

» avec lui de sentimens, d'opinions, d'intérêts, et qui, » animé du même esprit et partageant les mêmes vues, » apporterait dans le choix de son mandataire, toute sa » prudence et tout son discernement. Mais la transmis- » sion du droit serait insuffisante si elle s'opérait en » faveur d'un seul. Pour former un corps électoral du » second degré, il faut que les délégations soient nom- » breuses, dès lors elles ne peuvent plus être que fictives; » elles cessent d'être l'expression vraie du vœu de cha- » cun, car les moyens de discernement s'affaiblissent à » mesure qu'on répète le choix. Ainsi la seconde délé- » gation sera moins bonne que la première, et ainsi de » suite.

» En outre, si la multitude est soumise à l'influence » de certaines supériorités sociales ou religieuses dont » les intérêts soient opposés; si une sorte de dépendance » de ces supériorités la porte à lui demander des con- » seils et une direction, ses suffrages seront-ils bien l'ex- » pression réelle de ses vœux? Neuf mille communes de » France comptent moins de trois cents habitans, dix- » sept mille en comptent moins de cinq cents : croit-on » qu'il en soit beaucoup où le propriétaire qui donne le » travail, où le pasteur qui console les âmes, ne soient réel- » lement appelés à dicter les choix?

» Cette participation de la multitude au premier degré » de l'élection ne peut donc être que fictive. Elle le se- » rait bien plus encore si c'était un gouvernement cor- » rupteur qui cherchât à profiter de cette double élec- » tion pour exercer deux fois son influence. »

Devant ces paroles remarquables, la première objection qu'on avait élevée contre la réforme électorale par l'introduction du vote général à deux degrés, achève de tomber. Dans tout ce que dit M. Bérenger sur les avantages de ce système, quelle vérité et quelle force de didactique ! Dans tous les motifs qu'il allègue pour ne pas l'adopter, que d'erreurs et quelle faiblesse d'argumentation ! C'est le rapporteur qui l'a dit lui-même : avec le vote général à deux degrés, la Chambre est investie d'une autorité morale immense, elle puise une force incalculable dans la profondeur de ses racines et la largeur de sa base cimentée par le concours universel de toutes les volontés du pays. Point de force contre la force publique, parce qu'elle ne laisse rien en dehors d'elle. Le patriotisme des citoyens s'accroît par la conscience qu'a chacun d'eux de participer par son vote au gouvernement de la chose publique ; l'union des classes se resserre par la recherche que les classes qui ont la supériorité des richesses et de l'instruction et qui peuvent consacrer leurs loisirs aux affaires générales, doivent faire du suffrage des classes qui ne jouissent pas de ces avantages. Les classes laborieuses se trouvent ainsi relevées à leurs propres yeux et aux yeux de tous. D'un autre côté, point de brigues possibles puisqu'il n'y a plus de colléges électoraux permanens, et que l'électeur étant le produit de l'élection, on ignore qui sera électeur ; point de corruption de l'électeur par le député et du député par l'électeur, et partant point de corruption ministérielle praticable : un seul moyen de se rendre les suffrages favorables, servir le pays.

Quand viennent les objections contre le vote général à deux degrés, M. Bérenger allèguera-t-il quelque danger pour l'ordre, quelque chance de perturbation ? Non, M. Bérenger n'allèguera rien de pareil. Il dira que les droits des citoyens existent par eux-mêmes et qu'on n'a pas le droit d'en soumettre la jouissance à certaines conditions arbitraires, et c'est au nom de ces principes de liberté générale qu'il proposera d'exclure plus de huit millions de citoyens actifs de la jouissance de toute espèce de droit ! Il dira que l'homme, en transmettant et en communiquant son droit au lieu de l'exercer par lui-même, aliène sa volonté, son indépendance, sa liberté, et tout ce qui constitue sa dignité et marque sa noble place dans la création : et c'est en vertu de ces maximes qu'il proposera de faire transmettre et communiquer les droits de tous par le hasard d'un cens arbitraire, à deux cent mille électeurs tirés à la loterie sur la roue de la fortune, et qui seuls auront des droits, à l'exclusion de plus de huit millions de contribuables spoliés ; de tout ce qui, selon M. Bérenger lui-même, marque la noble place de l'homme dans la création !

Il est évident que ce ne sauraient être les motifs réels qui font repousser le vote général à deux degrés par le rapporteur de la loi d'élection de 1831 ; d'autant plus que cet argument serait tout aussi puissant contre la délégation du droit de l'électeur actuel au député, car il est évident que l'électeur aliène et communique son droit, puisqu'il ne vote pas lui-même les subsides et qu'il ne discute pas lui-même la loi, mais qu'il charge un autre de le représenter dans l'exercice de ces deux grandes fonctions. Quant à cette observation que, lorsqu'on ne choisit qu'un représentant, on peut jusqu'à un certain point trouver un autre soi-même, mais que la chance de rencontrer cette identité politique diminue à mesure que le nombre des choix qu'on est obligé de faire augmente, elle est plus subtile que solide, et elle tombe entièrement devant une réflexion qui aurait dû se présenter à l'esprit de M. Bérenger. Puisqu'il admet que le député représente identiquement l'électeur, il admet que, dans les colléges où il y a mille électeurs, il peut se trouver un homme qui soit en harmonie complète de sentimens, d'idées, de volonté avec mille personnes; par suite, et en vertu de cette loi mathémathique d'après laquelle on reconnaît que deux quantités égales à une troisième sont égales entr'elles, il doit reconnaître que ces mille électeurs, identiques au même député, sont identiques les uns aux autres. En présence d'un pareil résultat, l'objection de M. Béranger sur la difficulté de trouver plusieurs personnes avec lesquelles on soit en harmonie complète d'idées et de sentiment, demeure comme non avenue.

D'où peut donc venir son éloignement pour le système de la droite? Il n'est pas possible de se faire illusion à ce sujet. Ce que l'interprète des craintes de l'ordre de choses actuel redoute, il l'avoue lui-même, c'est la faveur que ce système obtient des royalistes, qu'il appelle les partisans du gouvernement absolu, probablement parce qu'ils demandent plus de libertés qu'il ne veut en donner; c'est l'influence de certaines supériorités religieuses et sociales; ce sont ces dix-sept mille communes de France où le propriétaire et le pasteur des âmes jouissent d'une autorité acquise par les services qu'ils rendent et les bienfaits qu'ils répandent autour d'eux, autorité subordonnée à la continuation de ces services et de ces bienfaits. Ce sont donc les influences naturelles et légitimes qu'il s'agit d'annihiler. On repousse le vote général à deux degrés, non parce qu'il amènerait des résultats dangereux pour l'ordre, mais parce qu'il lui donnerait trop de garanties; car nous ne pensons pas qu'on puisse craindre que la propriété et la religion ébranlent les bases d'un Etat; on le repousse, parce qu'on ne veut pas que la société se reflète dans la représentation nationale, telle que la société existe, avec la hiérarchie de ses intérêts, les rapports naturels et bienveillans qui unissent ses diverses parties, mais qu'on veut faire représenter un corps organisé par un chaos parlementaire, dominé par des influences factices en dehors des véritables influences sociales.

Il faut bien le reconnaître, si l'objection tirée des dangers que la réforme électorale des hommes de la droite entraînerait pour l'ordre, dans les circonstances actuelles, était déjà ruinée par l'étude attentive que nous avons faite de cette question, elle disparaît complètement devant l'évidence contraire victorieusement établie par les motifs qui ont décidé les hommes du monopole à rejeter en 1831 le vote général à deux degrés.

IV.

La droite doit-elle renoncer à la Réforme pour se concilier les centres?

Quelques esprits élevés nous ont paru vivement frappés du changement qui s'était opéré dans la situation des hommes de la droite parlementaire, par suite de l'impression qu'a produite sur l'esprit des centres un événement sinistre dont le souvenir est présent à toutes les mémoires. A dater de ce jour, ils ont cru qu'il convenait d'adopter une tactique nouvelle, et d'éviter avec un soin scrupuleux tout ce qui pourrait alarmer les hommes des centres, qui sont ordinairement plus préoccupés des périls de l'ordre que de ceux de la liberté. C'est au revirement de tactique produit par la pensée que nous venons d'indiquer, qu'il faut attribuer quelques passages du discours d'un illustre orateur royaliste sur la loi de régence, passages qu'on aurait sans cela quelque peine à expliquer : nous voulons parler de ceux où il semblait se montrer contraire à tout appel à la nation et reconnaître que la Chambre, telle qu'elle était composée, représentait suffisamment la France pour résoudre les problèmes fondamentaux de la politique (1).

Avec toute la déférence que nous devons et que nous rendons à l'homme éminent qui se faisait l'organe de cette pensée, sous l'empire de laquelle la majorité de la droite parlementaire paraît marcher, nous ne saurions laisser passer cette idée sans la combattre, parce qu'elle nous paraît erronée, et parce qu'on s'en sert pour nier les avantages qu'il y a à en revenir à la revendication de la réforme électorale. Le génie de l'éloquence comme celui des armes est sujet à l'erreur, et il n'y a pas plus d'infaillibilité en politique que sur le champ de bataille. Entre la victoire de Rocroy et celle de Lens, le grand Condé leva le siége de Lérida après avoir ouvert la tranchée au son des violons.

Faisons d'abord observer que cette objection, outre qu'elle ne tient pas devant un examen attentif du fond de la question, est déjà à moitié ruinée par ce qui pré-

(1) Voici les paroles auxquelles nous faisons allusion ; nous les empruntons au *Moniteur* :

« Je n'ai pas invoqué un dogme nouveau pour la consolation des » chagrins de ma foi politique, je n'ai pas changé de principes, et » substitué, pour le besoin de ma situation, un principe de souveraineté à un autre.

» Je ne viens pas demander une sanction du peuple, des mandats » spéciaux, une convocation extraordinaire de la nation, un acte de » la souveraineté du peuple. »

cède. On ne pourrait en effet renoncer à revendiquer la réforme électorale pour se concilier les sympathies des hommes des centres, que s'il était vrai que la réforme électorale pût mettre l'ordre en danger; or, l'on vient de voir qu'au lieu d'être une menace pour l'ordre, elle lui offre de puissantes garanties. Dès lors, renoncer à revendiquer la réforme électorale pour capter la faveur des centres, ce ne serait plus une sécurité donnée aux intérêts d'ordre, ce serait un abandon des intérêts de liberté souscrit en faveur de l'ambition exclusive de la classe dominante, au détriment des droits généraux de tous les Français. Certes, en considérant la question à ce point de vue, il n'est pas une nuance, pas un homme de la droite qui voulût assumer la responsabilité d'une faute politique aggravée par le tort qu'on se donnerait envers la France.

Il ne faut pas oublier en outre qu'on serait tout-à-fait dans l'erreur si l'on pensait que les hommes des centres craignent réellement de voir les bases de la société ébranlées par la droite. C'est quelquefois ce qu'ils disent, mais ce n'a jamais été ce qu'ils ont pensé. Ils savent très bien que la propriété, selon la parole de Napoléon, ne veut pas que le sol tremble. Quand il s'agit des hommes de la droite, les centres se réunissent avec la gauche dans une terreur commune: c'est pour l'égalité qu'ils craignent, et ce qu'ils appréhendent, c'est de voir les royalistes s'emparer du pouvoir et l'établir dans des conditions de force, afin de s'en servir pour exploiter la France à leur profit. Les priviléges de l'ancien régime, une aristocratie exclusive défendue par le pouvoir absolu et constituant d'une royauté entièrement livrée aux hommes de la droite, voilà ce qui fait l'objet des craintes réelles des hommes des centres, et c'est contre ce danger qu'ils demandent réellement des garanties.

Il ne faudrait pas alléguer la disposition actuelle des hommes du milieu à souhaiter plutôt des garanties d'ordre que des garanties de liberté. Cela est vrai maintenant en face des idées actuellement dominantes; mais dès qu'il s'agit des idées et des hommes de la droite venant à prévaloir par le mouvement régulier et légal des majorités, cette disposition change par une raison qui saute aux yeux. Dans ce pays, les libertés, depuis cinquante ans, ont presque toujours été des moyens de conquérir ou de maintenir l'égalité politique. Dans ce moment, les classes dominantes ne craignent pas pour l'égalité; la situation subalterne à laquelle on a réduit le pouvoir, le fait de l'insurrection, le principe de la souveraineté populaire et celui de l'omnipotence parlementaire gravés au frontispice de la nouvelle charte octroyée par la nouvelle Chambre à la nouvelle royauté; l'impossibilité où on la voit de s'allier aux classes supérieures, tout explique cette sécurité. Les classes politiques sont comme les navigateurs, elles craignent l'orage du côté où le vent souffle; c'est surtout pour l'ordre qu'on craint, parce que c'est surtout l'ordre qui paraît menacé sous le principe en vigueur. Mais tout change en présence des idées et des hommes de la droite travaillant, par l'action légale des majorités, à placer le pouvoir dans des conditions d'existence plus fortes et plus assurées, à l'investir d'une autorité plus grande, et le mettant naturellement en relation avec les classes supérieures. Alors l'amour des libertés se réveille chez les hommes du milieu, parce que l'esprit d'égalité sent le besoin de se prémunir.

On pourrait, en outre, faire remarquer qu'il y aurait dans ce mouvement vers les centres une appréciation peu exacte de la situation. Quoi qu'on puisse penser de l'impression produite sur les centres par un événement récent, on ne saurait se dissimuler que jouissant sous ce régime, de tous les avantages de la centralisation, ils n'y renonceront pas volontairement, et qu'ils maintiendront cet injuste et inégal partage, tant qu'ils ne seront pas contrains à céder à une situation plus forte que leur volonté. Ici, comme partout ailleurs, ce n'est pas au bénéficiaire qu'on peut s'adresser utilement pour substituer une jouissance commune à un bénéfice injuste. Les centres qui ont tout, ne peuvent être pour un équitable partage ; avant de les avoir pour alliés, il faut leur ôter la position qui les rend nos adversaires naturels.

Ainsi donc la véritable tactique des royalistes consiste à marcher droit en avant et le front découvert, à défendre la justice, la vérité, les droits politiques de tous ; à donner des garanties non pas aux centres en particulier, mais à tout le monde, et il se trouvera que les garanties qu'ils donneront à tout le monde, rassureront en même temps les centres qui partagent, quant aux royalistes, toutes les appréhensions de la gauche.

Les objections qu'on élève contre la réforme électorale avec l'élection à deux degrés, tombent donc devant une appréciation exacte des faits. Cet instrument d'opposition et de réparation sociale et nationale n'a aucun des inconvéniens qu'on pourrait alléguer pour ne pas l'employer. D'un autre côté, les circonstances qui ont pu en faire suspendre l'emploi ont cessé d'exister. Ce moyen d'action est sanctionné par le témoignage unanime des hommes de la droite depuis 1815, par les attaques de leurs adversaires, par les prévisions de nos grands écrivains et de nos hommes d'état, comme par l'expérience et par l'approbation des esprits les plus sages ; la revendication du vote universel avec plusieurs degrés est une action puissante, une action à la fois nationale et monarchique, en conformité avec les intérêts généraux comme avec les intérêts de la droite et avec ses principes; c'est enfin la seule qu'on puisse employer également dans la nuance parlementaire et dans la nuance qui est demeurée en dehors du parlement; c'est à la fois une garantie pour l'ordre et une garantie pour la liberté.

CONCLUSION.

CONCLUSION.

Au point où nous sommes arrivé, il ne nous reste plus qu'à resserrer en quelques pages la substance de cet écrit et à conclure.

Nous avons rappelé qu'en politique on pouvait différer sur le mode d'action à employer ou sur les principes, et nous avons montré que les différends qui portaient sur les principes, amenaient des séparations, et que ceux qui portaient sur les modes d'actions pouvaient causer sans doute de vives discussions, mais sans rendre impossible le rétablissement de l'union, parce que l'unité n'avait pas cessé d'exister sur les points fondamentaux.

Nous avons conclu de cette distinction, qu'il fallait rechercher par un examen attentif des faits, et en négligeant les individus, si les différends des principales nuances royalistes tenaient à une opposition de principes ou à la diversité des actions adoptées, et à l'influence exercée sur ces divers modes d'actions par les situations politiques.

Deux questions se sont alors présentées : quels sont les principes fondamentaux des royalistes, quels sont les genres d'actions adoptés et suivis par eux depuis 1830 ?

Pour résoudre la première question, nous avons cru qu'il fallait remonter à une époque antérieure à toutes les divisions qui ont éclaté pendant la restauration, comme à tous les dissentimens qui se sont élevés depuis la révolution de juillet. Nous sommes donc allé droit à la majorité de 1815, devenue, par suite de l'ordonnance du 5 septembre, minorité dans la Chambre de 1817, et nous avons pensé que nous trouverions ainsi l'expression incontestable des principes royalistes, et que nous détruirions aussi par-là l'objection de ceux qui ne voient dans les idées adoptées par les royalistes de notre temps, qu'une machine d'opposition et un instrument de renversement. La droite de cette époque, consultée par nous, nous a mis en possession des deux principes royalistes : la monarchie avec toutes ses conditions de force et de durée, et la liberté politique assurée par la représentation générale des intérêts.

Pour résoudre la seconde question, nous nous sommes adressé à la Chambre de 1830, et nous avons vu poindre dans son sein, pendant les orageuses séances qui suivirent l'insurrection des trois jours et précédèrent l'établissement du 9 août, trois modes d'actions : l'une extra-légale, l'action armée ; deux autres légales, l'action parlementaire et l'action d'abord et plus habituellement exercée dans la presse et hors de la Chambre par la revendication des droits généraux.

Nous avons dû alors faire l'histoire de ces trois actions ou de ces trois oppositions royalistes, en demandant à l'étude attentive des faits si l'une d'elles avait cessé de professer les principes royalistes de 1815 et de 1817, sur l'organisation du pouvoir et de la liberté, et nous nous sommes convaincu qu'aucune d'elles ne les avait abandonnés.

Il en est résulté pour nous la démonstration que les différends qui existent aujourd'hui dans le sein de notre opinion, ne pouvaient provenir que de la diversité des actions et des situations difficiles où elles se sont trouvées engagées, et cette hypothèse, rapprochée des faits, s'est changée en évidence.

Nous avons vu, en effet, pour ne parler que des deux actions qui peuvent être discutées, l'action parlementaire et l'action exercée à l'aide de la revendication des droits généraux par la presse, marcher d'abord de concert; et en constatant cet accord, nous avons marqué le terrain commun sur lequel elles marchaient, en nous disant que ce terrain devait être, à proprement parler, le terrain royaliste. Puis nous avons vu ces deux actions se séparer, à cause des circonstances particulières dans lesquelles se trouvait l'action parlementaire, de l'atmosphère où elle se mouvait, de l'influence du corps sur les membres, de la nécessité où elle crut être d'entrer dans le mouvement général qui entraînait l'assemblée pour ne pas y être complètement annihilée et impuissante, et pour accomplir un travail de déblaiement, qu'on nous passe ce terme, sur les préjugés, les préventions et les calomnies auxquels les royalistes étaient en butte.

Nous en avons induit que les circonstances particulières qui avaient agi sur les hommes de la droite attachés à l'action parlementaire, venant à cesser, ils étaient naturellement conduits à reprendre l'action royaliste telle qu'ils l'avaient eux-mêmes conçue, c'est à dire à profiter du principe de perfectibilité consacré par le principe de l'omnipotence parlementaire, pour venir demander d'abord le perfectionnement de la Chambre par l'un des deux principes des royalistes de 1815, la représentation générale des intérêts à l'aide du vote à deux degrés, et pour demander ensuite à ce parlement perfectionné ou reformé, la réforme de tous les abus.

En approfondissant cette question si grave de l'avenir

de l'opposition royaliste, notre conviction s'est fortifiée, parce qu'un examen sérieux nous a prouvé que les hommes de la droite ne pouvaient, sans nuire involontairement à leurs idées, être purement parlementaires comme les hommes de gauche, ni travailler, sans déshonneur et sans abdication de leurs principes et de toute prévoyance politique, en faveur du gouvernement personnel, comme les hommes du milieu. Nous en avons conclu que leur dévouement à leurs principes devait infailliblement les conduire à travailler au perfectionnement de l'instrument législatif, parce que la véritable cause du mal se trouvait dans une loi d'élection faussée par le privilége accordé à une partie de la classe moyenne et dirigée contre les hommes et les idées monarchiques, en même temps que contre les droits généraux. Ce moyen nous est apparu comme seul efficace, parce qu'il attaque le mal à sa source; comme national, puisqu'il sauve la France des mains des partis et des violences; comme monarchique, puisqu'il donne satisfaction à l'un des deux principes de la droite; comme ayant en outre l'avantage de détruire les derniers préjugés qui existent contre les royalistes, en fournissant à cette société le gage en même temps que la preuve de leur dévouement pour les libertés de ce pays.

L'examen des objections élevées contre la réforme électorale nous a confirmé dans ces opinions.

L'histoire du passé et des précédens éclatans qui datent d'hier, nous ont convaincu que la prétendue impossibilité d'obtenir d'un parlement, sorti d'une loi du monopole, la réforme électorale, n'était pas réelle ; et la logique nous a servi à faire justice de ce qu'on appelle l'omnipotence parlementaire, mot ambitieux qui déguise, sans la cacher, la nécessité où sont les assemblées comme les individus, de subir l'empire des mouvemens nationaux.

Nous sommes demeuré aussi bientôt persuadé que la réforme électorale, avec le vote général à deux degrés, ne pouvait créer aucun danger pour l'ordre, et il nous a suffi pour cela de nous rappeler que les royalistes, qui certes ne voulaient pas le renversement de la restauration, demandaient ces bases en 1815 et 1817. Quant à ceux qui allèguent le changement des circonstances, pour justifier leurs craintes, nous avons eu à leur citer l'autorité de MM. Berryer et de Brézé qui ont réclamé, le premier en 1831 et 1833, le second en toute occasion, la réforme électorale sous l'empire des circonstances actuelles, sans éprouver aucune appréhension pour l'ordre; et l'opinion de M. de Bérenger, rapporteur de la loi de 1831, qui a avoué qu'il ne craignait qu'une chose de l'établissement du vote universel avec deux degrés, c'est l'influence prépondérante de la propriété. En allant au fond de la question, nous avons reconnu tout ce qu'il y avait de sagesse dans la confiance de MM. de Brézé et Berryer ; en effet, on ne saurait craindre aucun danger pour l'ordre, d'une loi fondée sur le principe du classement des influences sociales; et tout au contraire la réforme, ainsi réalisée, est le seul moyen de prévenir la catastrophe qui est le terme naturel des difficultés dans lesquelles nous sommes engagés.

En examinant enfin l'utilité qu'il pouvait y avoir, pour les hommes de la droite, à ne pas revendiquer la réforme de la loi d'élection, pour se concilier les sympathies des hommes des centres qui, depuis un an, ont plus de disposition, dit-on, à se tourner vers les royalistes, nous avons été sur-le-champ frappé d'une considération : c'est que la réforme électorale, telle que la droite la conçoit, ne menaçant aucunement l'ordre, ne doit pas alarmer les centres ; et qu'ainsi les hommes de la droite, s'ils l'abandonnaient, feraient cette concession, non pas à des craintes sincèrement éprouvées pour la tranquillité publique, mais au désir ressenti par les hommes du milieu de conserver l'exploitation de cette société par le privilége électoral et parlementaire. Une seconde considération est venue confirmer la première : c'est que les centres ne craignent pas pour l'ordre l'avènement des hommes de la droite aux affaires, mais que, dès qu'il s'agit de cet avènement, ils craignent pour la liberté qu'ils regardent comme le bouclier de l'égalité. La réforme électorale, fondée sur le principe du vote à deux degrés, loin de nous aliéner les centres, doit donc nous les concilier.

Voilà l'enchaînement d'idées qui nous a amené à proclamer la réforme de la loi électorale de 1831, et la revendication du vote de tous avec plusieurs degrés, comme l'instrument naturel de l'opposition royaliste pour l'avenir, quel que soit le genre d'action auquel les diverses nuances de la droite appartiennent, et c'est en nous rappelant à la fois l'unanimité de 1789 sur le droit inaliénable des Français à consentir l'impôt et à voter la loi (1), l'unanimité de 1815 et de 1817, et l'unani-

(1) La lecture des cahiers des Etats-Généraux offre à ce sujet des lumières précieuses; ainsi nous lisons dans le cahier du clergé de Dijon : « La nation a le droit de s'assembler pour l'exercice et la con» servation de ses droits, et de se choisir librement des députés qui, » réunis collectivement sous le nom d'ETATS GÉNÉRAUX, la représen» tent et peuvent délibérer, consentir et statuer pour elle, et en son » nom, sur les lois, les subsides et tous les autres objets. » Les cahiers du clergé de Lyon, d'Auxerre, de Bailleul, d'Autun, Dourdan, Laon, etc., contiennent les mêmes idées, et on lisait dans celui de Vitry-le-Français : « On reconnaîtra solennellement le droit

mité qui exista au commencement de la révolution de 1830, que nous nous sommes senti encouragé à exprimer une opinion trois fois sanctionnée par cet imposant témoignage, et qui, en outre, n'est que la mise en œuvre d'un principe essentiellement monarchique, principe qui, bien que pendant trop long-temps suspendu, a toujours été, comme le disait le parlement de Paris en 1788, « constitutionnel en France. »

Dans le cours de ce travail, nous avons été mu par le vif désir d'être vrai sur toute chose et juste envers tout le monde. Nous pouvons sans doute nous être trompé, mais nous avons du moins cherché la vérité, en nous désintéressant de toute affection, de toute préoccupation personnelle, de tout système ; nous l'avons dite quand nous avons cru l'avoir rencontrée et telle qu'elle nous était apparue ; et nous nous sommes efforcé en

» imprescriptible et inaliénable que les Etats-Généraux ont seuls essentiellement de voter et de consentir l'impôt. »

Les cahiers de la noblesse n'étaient pas moins unanimes et moins explicites ; le cahier de la noblesse de l'Agenais demandait que *les droits incontestables et imprescriptibles de la nation* fussent proclamés, et mettait au nombre de ces droits le vote de la loi et de l'impôt par les Etats-Généraux périodiquement consultés. Le cahier de la noblesse du Bugey ajoutait : « Dans la monarchie, le souverain est la » nation jointe au monarque et présidée par lui. Les Etats-Généraux » n'étant pas la nation, mais son image, ne jouissent pas de la plénitude de la souveraineté ; ils sont cependant revêtus du pouvoir » exclusif de consentir et accorder l'impôt, et de faire de nouvelles » lois sans avoir le droit de proscrire celles qui servent de base au » contrat social et à la forme du gouvernement. » Le cahier de la noblesse d'Evreux disait : « Les malheurs qui affligent la France » prennent leur source dans les violations qui ont été faites aux lois » constitutives du royaume et aux droits imprescriptibles de la nation. » Le cahier de la noblesse de Saintonge : « Nous n'entendons » par le mot loi que les actes émanés des Etats-Généraux et revê-

même temps de la rendre bienveillante à tout le monde, c'est à dire de ne méconnaître les efforts de personne dans cette grande lutte qui dure depuis treize ans. C'est en montrant à nos amis que l'unité n'avait pas cessé d'exister parmi eux, que nous avons cherché à rétablir l'union; nous avons cherché à rétablir l'union pour arriver à l'action, à une action à la fois monarchique et nationale, légale et efficace, rassurante pour l'ordre, et rassurante pour la liberté; à une action exercée sur une ligne où il y ait place pour tout le monde; pour ceux qui ont plus exclusivement défendu, dans cette société, le principe d'ordre depuis cinquante ans, comme pour ceux qui ont plus exclusivement défendu le principe de liberté : seul moyen de reformer la vérité politique dont une moitié s'est long-temps trouvée dans un camp, tandis que l'autre moitié était dans l'autre, et de mettre un terme

» tus du consentement du roi. » Le cahier de la noblesse d'Alençon : « Suivant la constitution de cet empire, deux choses doivent » toujours concourir à la formation et à l'abrogation de la loi : le » consentement de la nation et le décret du prince, maxime vrai- » ment constitutionnelle et fondamentale. » Les cahiers de la noblesse de Château-Thierry, du Labour, de Condom, de Clermont-en Beauvoisis, de Metz, de Dourdan, de Paris, de Melun et Morel, contenaient les mêmes principes.

Les cahiers du Tiers-État n'étaient pas moins positifs; celui de Lyon disait : « La puissance législative appartient à la nation assem- » blée en États-Généraux conjointement avec le roi. » Les cahiers du Nivernois, Dax, Saint-Séver et Bayonne s'exprimaient dans les mêmes termes. Rouen ajoutait : « Les députés statueront que la nation se trou- » vant réunie en assemblée d'états, est par cela seul réintégrée dans » l'exercice de ses droits. » Dourdan : « Tous les impôts établis » depuis 1614, dernière époque des Etats-Généraux, peuvent être » regardés comme illégaux. » Saumur : « La nation seule a le droit » de s'imposer. » Paris, Rennes, Troyes, Clermont-Ferrand, s'exprimaient dans les mêmes termes.

à ce grand malentendu d'un demi-siècle qui a exercé une influence si fatale sur les destinées de notre patrie.

C'est pour cela qu'exprimant l'unanimité des opinions royalistes en 1789, en 1815 et en 1817, unanimité qui s'est reproduite en 1830 et 1831, nous avons proclamé, comme le symbole de la grande opposition de l'avenir, la monarchie et la représentation générale des intérêts garantie par la périodicité des assemblées sorties du vote à plusieurs degrés: principes égaux, existant essentiellement tous les deux par leur propre force et non par concession. Monarchie et représentation complète et sincère des intérêts, la France est en ces deux mots; les hommes qui les adopteront acquerront une puissance d'assimilation qui leur donnera le pays tout entier: c'est le seul cadre assez large pour contenir ce vaste tableau qu'on appelle l'avenir de la France.

Nous sommes, on ne saurait se le dissimuler, en présence de circonstances dont la gravité réclame, plus que jamais, l'intervention de la nation tout entière dans ses propres. affaires. Nous avons été témoins en 1830 des concessions de tous genres que des ministres coupables, possédés de la passion de rendre la nation dynastique, comme les en a accusés M. de Lamartine, au lieu de travailler à rendre la dynastie nationale, ont pu faire au dehors pour faciliter l'avènement du régime nouveau. Nous avons vu tous les intérêts extérieurs de ce pays successivement abandonnés, en Belgique, en Italie, en Espagne, en Allemagne, en Orient, sur toutes les mers, et l'alliance anglaise, cet arbre stérile qui n'a eu pour nous ni fruits ni feuillage, achetée par des sacrifices humilians et ruineux. Nous avons payé des budgets de guerre, pour obtenir une paix onéreuse et sans dignité; nous avons perdu toutes nos alliances continentales; nous avons assisté à des conférences où, dans toutes les questions, nous avions quatre voix contre la nôtre ; et quand nous avons été las d'assister, comme d'impuissans témoins, à ces délibérations dont le résultat nous était toujours contraire, nous avons été rejetés dans l'impuissance de l'isolement. Il reste maintenant aux ministres sans patriotisme et sans dignité qui nous gouvernent, à assumer une nouvelle et pesante responsabilité, en nous apprenant à quelles concessions on peut descendre, à quelle immolation des intérêts nationaux on peut souscrire, non plus pour faciliter un changement de dynastie, mais pour assurer un changement de règne, et ce que peut coûter une minorité dans une nouvelle dynastie sous un ministère doctrinaire. Le cercle des concessions, qui semblait avoir été complètement parcouru, se r'ouvre et s'agrandit. Les jours difficiles de 1830 vont peut-être renaître demain, et les doctrinaires vont être appelés à payer une seconde fois la rançon de la révolution de juillet à l'Europe, qui ne manquera pas de profiter de nos embarras intérieurs et de la faiblesse de notre gouvernement, pour réduire de plus en plus la France au rang des puissances du second ordre, déshonneur politique accepté par ceux qui conduisent nos affaires.

Dans des circonstances pareilles, il est plus que jamais nécessaire de créer, dans une représentation sincère et complète de la France, une force nationale qui puisse lutter contre des tendances déplorables, et aviser à ce que la fortune publique ne soit pas détruite sans retour. Il est impossible de nier que les assemblées politiques, élues sous l'empire de la loi d'élection de 1831, ont manqué dans les situations critiques, de résolution et d'initiative. Elles n'ont pas eu foi en elles-mêmes à l'heure du danger ; elles ont reculé devant la pensée d'engager la

France, comme si elles comprenaient intérieurement que, nommées par la majorité d'un corps de 200 mille censitaires, elles ne représentaient pas suffisamment un pays qui compte huit millions de citoyens actifs. Il importe donc de fortifier la représentation nationale, et d'appeler dans son sein tous les élémens de puissance et de lumière que la société renferme.

Sans exagérer ni atténuer la position des royalistes dans ce pays, il y a une chose qu'on peut dire et que personne ne contestera : c'est qu'ils forment un parti puissant par le nombre, les lumières, les richesses territoriales, les traditions de gouvernement, l'élévation des sentimens et des idées, et qui réunit les conditions d'indépendance les plus réelles et les plus solides. Ils ne sont pas tout certainement, mais ils sont beaucoup en France, parce qu'ils peuvent beaucoup pour l'ordre par leurs principes, leurs doctrines gouvernementales, leurs vertus privées, leur esprit de famille, leurs habitudes de régularité; et beaucoup, par les conditions d'indépendance, de fortune et de dignité de caractère où ils se trouvent; pour cette liberté sérieuse, pratique, et pour ainsi dire appliquée, si différente de la liberté théorique et indéfinie. Toutes les fois qu'une portion aussi notable de la société s'est trouvée en dehors de l'action sociale, la société a été en péril et le gouvernement dans une situation violente et critique. La première révolution l'avait compris, quand elle essaya de faire marcher la société en dehors du principe monarchique, mais elle avait l'expédient des échafauds ; l'Empire, qui lui succéda, s'en préoccupa aussi, mais il avait l'expédient des guerres et des conquêtes, et il gagna du temps avec la victoire. La situation qui avait alarmé la république et l'empire s'est reproduite en 1830 ; les hommes de l'ordre de choses actuel en ont compris à leur tour la gravité ; mais comme ils reculaient, avec un juste effroi, devant la contrefaçon des échafauds de 93, avec l'expérience des réactions européennes et le sentiment de leur impuissance, devant la difficile imitation des victoires de l'empire, ils ont eu recours aux lois d'exclusions politiques fondées sur les défiances et sur les préjugés, et ils ont vécu sur les divisions qu'ils avaient fait naître.

C'est pour cela qu'il est du devoir de tous ceux qui sont dévoués aux intérêts de leur pays, d'appeler les hommes de la droite sur le seul terrain où ils puissent détruire tous les préjugés qui existent contre eux, percer tous les nuages, dissiper toutes les préventions et faire cesser tous les malentendus. C'est un acte de patriotisme ; car, en dehors des hommes de la droite, il n'y a rien de possible en France, nous voulons dire rien de régulier, de stable, au dedans, de fort et d'influent à l'extérieur, parce que si les passions sont à gauche, les intérêts sont à droite dans ce pays ; ajoutons que c'est à droite seulement qu'on peut trouver le cadre d'une classe politique, nécessaire, sous une monarchie représentative, pour préserver le pouvoir de son abus qui est l'arbitraire et le despotisme, et la liberté de son excès qui est la brutale intervention de l'émeute et de l'insurrection populaire. Cet acte de patriotisme est en même temps un service véritable rendu aux royalistes. Qu'ils ne s'y trompent pas en effet; on n'est pas impunément propriétaire d'une grande partie du sol dans un royaume, on n'y tient pas impunément le premier rang par la fortune, les traditions historiques, l'éclat de la naissance, l'influence de l'esprit et des manières, si l'on n'occupe pas, dans la politique, une position égale à celle qu'on tient dans la société. Les positions sociales se défendent par les positions politiques, et la propriété, dans un état, est une fonction au lieu d'être, comme on le croit, un loisir. Il en est des classes propriétaires sans influence politique, comme des peuples commerçans sans puissance militaire : elles doivent nécessairement devenir une proie ; elles sont trop riches en effet pour être si faibles, ou trop faibles pour être si riches. C'est donc pour les hommes de la droite une question de vie ou de mort, que d'acquérir dans la société dont ils sont membres, une influence politique qui soit égale à leur position sociale ; or, cette conquête utile à tous, nécessaire pour eux, ils ne sauraient la faire qu'en aidant la nation toute entière à conquérir la liberté politique, ou, pour parler un langage plus précis, une juste participation au vote de l'impôt et à la discussion de la loi, participation mesurée par l'intérêt de chacun dans l'Etat. Jamais on ne les laissera passer seuls, parce qu'on craindra toujours la résurrection des priviléges de classes et des abus de l'ancien régime ; ils ne passeront qu'avec tout le monde, et en ouvrant une porte assez large pour que la société toute entière puisse entrer. C'est de la confiance de leurs concitoyens qu'ils peuvent et doivent obtenir une influence que personne ne redoutera, quand elle sera décernée, comme le proposaient les royalistes de 1815, par le suffrage gradué de toute la société. Ceux qui se trouvent au dessus de la limite fixée par le cens, et qui sont ainsi exclus de fait du bénéfice de la représentation, comme le disait M. de Corbière, doivent prendre en mains les intérêts de ceux qui, se trouvant au dessous, sont exclus de droit du même bénéfice. C'est en confondant leur intérêt avec un intérêt général, en se faisant les défenseurs des droits de tous, qu'ils obtiendront satisfaction pour leurs droits, et qu'ils reprendront leur place dans cette société, non plus par le privilége de la naissance, ni par le hasard d'un cens arbitrairement fixé, mais par la juste et légitime influence que donne la confiance de tous à ceux qui emploient les avantages sociaux dont ils jouissent, à la défense des intérêts généraux, et qui considèrent la fortune et la supériorité de l'éducation, comme imposant des obligations plus étroites, envers la chose publique. Jamais une nation en effet n'a refusé des droits à ceux qui prouvent qu'ils s'en serviront pour remplir des devoirs.

Voilà la route où les hommes de la droite marcheront avec honneur et avec profit pour eux, avec avantage pour la France. Tout ce qu'ils feront pour préparer cette grande œuvre, c'est à dire tout ce qu'ils feront dans l'intérêt des classes les moins favorisées, toute l'influence qu'ils acquerront en se plaçant à la tête des réformes utiles, des institutions qui amélioreront le sort de ces classes et qui seront propres à accroître parmi elles les lumières et à développer leur sens moral par l'éducation, comme à relever leur dignité, selon les paroles de M. Bérenger et de M. de Corbière; tous ces efforts préliminaires enfin qui mettront les hommes de la droite en possession du crédit et de la confiance dont ils ont besoin pour remplir la mission à laquelle ils sont appelés par leur position sociale dans ce pays, seront des germes précieux que fécondera l'avenir, des actions particulières qui concourront utilement avec leur action générale en faveur des libertés politiques de tous les Français.

L'avantage de ce système d'opposition, c'est qu'il est praticable pour les hommes engagés dans tous les genres d'action royaliste. Dans la Chambre, hors la Chambre, à la tribune, dans la presse, par des propositions, par des protestations, on peut réclamer les libertés générales. Ceux là même qui ont incliné vers le royalisme armé, peuvent, si les circonstances deviennent mauvaises, trouver dans ce grand mouvement l'emploi légal de leur ardeur. En effet, si une faction, venant à s'emparer du pouvoir par surprise, ou par une réaction anarchique, s'élevait à Paris sur les ruines de l'ordre, et voulait dominer la France par Paris et Paris par les bastilles; ou si un ministère prévaricateur, abandonnant la ruse et se jetant dans la violence, brisait les tables de la loi et se mettait dans ces circonstances où, selon les principes proclamés et appliqués par le nouveau régime, et que M. de Broglie constatait à la tribune, il appartient aux hommes de cœur de ramasser les débris de la pierre de la constitution pour les jeter au front d'un pouvoir tyrannique; si, pour tout dire en un mot, on se trouvait dans une de ces situations terribles prévues par M. Persil quand il s'écriait : « On nous demandera à qui appartiendra de juger la violation du contrat exprès ou tacite fait avec le peuple ? A la » raison publique (1), » alors le refus de l'impôt devrait appuyer la revendication des droits de tous, mais un refus d'impôt inébranlable, invincible, une résistance légale poussée jusqu'aux dernières limites, car il n'y a plus d'impôt pour les pouvoirs qui se placent en dehors des conditions de l'impôt en se plaçant en dehors de la légalité. Ce serait donc le moment, pour tous les hommes d'une volonté énergique, de donner le signal de cette opposition et de cette résistance à l'arbitraire.

Que les royalistes, à quelque nuance qu'ils appartiennent, ne se laissent donc point tromper par les paroles fallacieuses de ceux qui, répandant les pavots à pleines mains sur la situation, cherchent à les endormir dans une

(1) M. Persil prononça ces paroles dans le procès de M. de Kergorlay.

dangereuse quiétude, en leur répétant : « Honnêtes » gens, vous avez la bonne part, sachez la garder. Dor» mez pendant que nous veillons. Profitez des biens que » votre position sociale vous assure, et des loisirs qu'on » vous donne, et laissez à d'autres le travail de la lutte et » le poids de la journée. » Si les hommes de la droite s'endormaient dans la sécurité et cédaient à ces conseils perfides, c'est par un coup de tonnerre qu'ils seraient réveillés. On ne remédie pas aux périls d'une société qui s'en va à la dérive, en les oubliant, et les hommes de la droite ne doivent jamais au contraire perdre de vue qu'ils naviguent, conduits par des pilotes inhabiles et impuissans, sur une mer semée de récifs, et que le naufrage de tous les intérêts particuliers se trouvant contenu dans le naufrage de l'intérêt général, c'est précisément parce qu'ils ont plus d'intérêts engagés que d'autres, qu'ils doivent plus que personne être pénétrés de la nécessité d'agir pour empêcher la ruine commune. Sans doute ils doivent être pleins de confiance dans les merveilleuses conduites de la Providence, mais ils n'ont le droit d'avoir cette confiance qu'à condition de déployer toutes les ressources de l'activité humaine; car, à la différence du fatalisme aveugle du musulman qui demeure inactif devant l'incendie et l'inondation, en attendant impassiblement sa destinée, la foi éclairée du chrétien commence par agir et attend ensuite le succès de son action de la protection de Dieu. L'action, voilà donc le dernier mot qui puisse être adressé aux royalistes par les amis de leur honneur et de leurs intérêts les plus chers, comme par les amis de ce pays. Agir par devoir comme par calcul, hors la Chambre comme dans la Chambre; agir par la revendication des libertés de tous, à l'exemple des royalistes de 1815 et de 1817; demander la représentation réelle de la société au lieu de sa représentation fictive; sortir, comme le disait M. Berryer en 1831, de ces lois d'élection faites pour exclure telle ou telle opinion et pour faire prévaloir telle ou telle autre, et travailler à faire triompher un système électoral assez large pour appeler la France entière à la défense de ses intérets, voilà la grande opposition des hommes de la droite, et c'est ainsi qu'ils conjureront les éventualités menaçantes de l'avenir.

Nous venons de prononcer un nom qui ne nous permet pas de terminer ici notre appel. Quand Dieu pose son sceau sur un front et qu'il allume, dans un parti, un de ces brillans flambeaux qui répandent partout la lumière, c'est pour que cette lumière brille sur la route de l'avenir, et qu'à la chaleur de ses rayons les idées et les sentimens qui doivent sauver la société puissent éclore. Que manque-t-il aux idées royalistes pour s'emparer de cette société? Rien de ce que peut faire le raisonnement n'a été omis; on a parlé aux esprits autant qu'on pouvait leur parler; on a employé tous les moyens pour les convaincre. Les voies sont préparées, mais où trouver cette puissance d'impulsion qui fait passer le mouvement des idées dans les faits; cette influence irrésistible qui passionne toute une société pour la question de salut; cette parole inspirée qui, conduisant l'étincelle électrique, allume dans tous les cœurs un foyer d'inspirations, d'activité et de dévouement, et entraîne toutes les volontés vers un même but? Dieu a placé dans nos rangs un de ces hommes si merveilleusement doués; si nous le rappelons, ce n'est point pour en faire le sujet d'une vaine et stérile louange, mais pour répéter au contraire que tous ces dons de Dieu sont autant de dettes envers la patrie, et que de si beaux talens donnent encore moins de droits que de devoirs. La Providence, qui ne fait rien en vain, n'a pas en vain allumé dans ce cœur et cette pensée ce magnifique foyer d'éloquence, et c'est à celui qu'elle a traité avec tant de libéralité qu'il appartient de couronner les services qu'il a rendus, en passionnant les esprits pour ces idées de réforme électorale, de revendication des droits généraux, qui peuvent seules préserver cette société, et entraîner l'opposition royaliste toute entière dans les voies qui conduisent à l'avenir. Pour agir désormais dans la Chambre elle-même, telle que les circonstances et le désenchantement l'ont faite, ce n'est plus dans la Chambre qu'on peut trouver un point d'appui. Le sol parlementaire, semblable à ces terrains tout trempés de pluie, fléchit sous le pied qui le presse. Toute action a cessé dans cette sphère, toute vie s'y est éteinte, et ce n'est que par l'influence irrésistible d'un mouvement national, qu'on peut faire violence à la torpeur des corps politiques, galvaniser les morts du pays légal, et ressusciter le mouvement parlementaire.

Qu'il se rappelle, le grand orateur, ces journées toutes chaudes d'enthousiasme et toutes pleines d'émotions où, sous le ciel ardent du Midi, en face de cette Méditerranée destinée par la Providence à être un lac français, il annonçait, à une population innombrable, les droits de tous mesurés par leurs intérêts, la France rentrant en possession de ses libertés, et il sentait le cœur de toute une ville battre contre son cœur, il voyait les partis s'éteindre et se confondre dans l'unité du patriotisme et dans une admiration commune, et toutes les pensées, semblables au métal ardent en fusion dans le moule qui lui donne la forme, bouillonner dans sa pensée.

Nobles triomphes que le passé a vus et que l'avenir peut voir renaître : que les succès parlementaires, obtenus dans des Chambres sans grandeur et sans élévation sont peu de chose quand on les compare à la gloire et aux joies si pures que vous donnez ! Admirable ascendant de la parole humaine, s'exerçant sur les passions les plus élevées de notre nature, qui pourrait rapprocher des satisfactions que vous assurez à la conscience, l'influence qu'il faut acheter aujourd'hui dans la Chambre, surtout en ménageant ses faiblesses et en sacrifiant quelques unes de ses propres pensées ! Au moment même où nous écrivons, les vents qui soufflent d'Irlande nous apportent le bruit des pas de tout un peuple marchant à la suite d'un homme, suspendu à ses lèvres quand il parle, et lui donnant les beaux noms de père et de libérateur. Cet homme porte l'âme de sa patrie dans son sein ; son bras a la force de plusieurs millions de bras ; les cris de toute une nation retentissent dans sa parole ; son éloquence est la voix d'un peuple. Il regarde sans peur cette orgueilleuse Angleterre qui a vaincu l'Océan et Napoléon. Quand on lui demande son nom, il répond : « Je m'appelle l'Irlande. » Et l'Angleterre, la main pleine de soldats, hésite et se trouble devant ce peuple qui, conduit par son orateur, se montre si digne de la liberté qu'il réclame et mérite tous les droits avant de les obtenir. Ne se présentera-t-il personne pour remplir envers la France le grand et magnifique devoir qu'O'Connell remplit envers l'Irlande, pour délivrer, non pas un peuple de la domination d'un peuple, une religion de l'oppression d'un culte contraire, mais pour délivrer un peuple de la domination des partis, pour rendre à la France ses droits en Europe en rendant à chacun ses droits en France? N'y a-t-il personne qui ait vu la mission d'O'Connell lui apparaître dans ses rêves, et les lauriers de Miltiade n'empêchent-ils plus Thémistocle de dormir?

TABLE DES MATIÈRES.

LIVRE PREMIER.

LES PRINCIPES ET LES ACTIONS ROYALISTES.

CHAPITRE I.

CHAPITRE II.

QUELS SONT LES PRINCIPES DES HOMMES DE LA DROITE.

CHAPITRE III.

ORIGINE DES DIVERSES ACTIONS ADOPTÉES PAR LES HOMMES DE LA DROITE EN 1830.

LIVRE DEUXIÈME.

HISTOIRE DE L'OPPOSITION ROYALISTE DE 1830 A 1843.

CHAPITRE I.

HISTOIRE DE L'ACTION ARMÉE.

CHAPITRE II.

HISTOIRE DE L'ACTION PARLEMENTAIRE.

CHAPITRE III.

HISTOIRE DE L'ACTION LÉGALE EXERCÉE PAR ET POUR LA REVENDICATION DU DROIT COMMUN.

LIVRE TROISIÈME.

DE L'AVENIR DE L'OPPOSITION ROYALISTE.

CHAPITRE I.

QUEL EST LE TERRAIN SUR LEQUEL L'UNION PEUT SE RÉTABLIR?

CHAPITRE II.

DES PRINCIPALES OBJECTIONS ÉLEVÉES CONTRE LA RÉFORME ÉLECTORALE.

www.ingramcontent.com/pod-product-compliance
Ingram Content Group UK Ltd.
Pitfield, Milton Keynes, MK11 3LW, UK
UKHW020554230726
13926UKWH00005B/2010